Traumbild Schlange

Die Schlange, ein Wesen aus Urzeiten, ist uns ziemlich unbekannt geblieben. Und doch sehen wir sie bei den Ärzten am Äskulapstab als Symbol des griechischen Heilgottes. Auch im Traum bringt der Biß der Giftschlange nicht notwendig den Tod, sondern oft Heilung und Stärkung.
Die Schlange vereint in sich viele Aspekte, den der Häutung, der auf vollständiges Neuwerden hindeutet, ihre starke Erdverbundenheit usw. Die Träume gehen noch weiter. Da gibt es eine Schlange, die Bücher stiehlt, weil der Träumer ein einseitiger Kopfmensch ist. Oder eine, die manierlich am Tisch sitzt und mit der Familie ißt. Aber auch die Schlange, die man in einem Ringkampf auf Leben und Tod besiegen muß.
Ihre wichtigste Funktion im Traum ist die, abgespaltene, als negativ erachtete Teile der Persönlichkeit wieder in die Seele zu holen und so die Gegensätze zu vereinigen, so wie auch die Fortbewegung der Schlange Rechts und Links miteinander verbindet. Nicht von ungefähr ist der Weg zur Selbsterkenntnis und der Lebensweg überhaupt eine Serpentine, ein Schlangenweg.

Träume als Wegweiser

Herausgegeben von
Helmut Hark, Verena Kast, Ingrid Riedel

Gert Sauer

Traumbild **Schlange**

Von der Vereinigung der Gegensätze

Walter-Verlag
Olten und Freiburg im Breisgau

3. Auflage 1992

Gesamtherstellung in den grafischen Betrieben
des Walter-Verlags
Printed in Switzerland

ISBN 3-530-72751-2

Inhalt

Vorwort

In unseren Träumen als Wegweiser zu einem ganzheitlichen Leben tragen die Schlangen in besonderer Weise zur Selbsterkenntnis und zur Selbstverwirklichung bei. In diesem Symbol wird die im Menschen schlummernde Schlangenkraft lebendig. Gert Sauer führt den Leser Schritt für Schritt zur Begegnung mit diesem Symbol. Durch zahlreiche Traumbeispiele werden die verschiedenen Aspekte und Bedeutungen der Schlange deutlich gemacht. Neben der Bewußtseinserweiterung vermitteln die Schlangen in den Träumen auch ein bewußteres Körpergefühl. Dazu schreibt der Autor: «Bei Schlangenträumen ist die Frage wichtig, wie der Träumer mit der biologischen Grundlage seines Lebens umgeht... Meiner Erfahrung nach müssen sich Schlangenträumer häufig mit psychosomatischen Erscheinungen wie Kopfschmerzen bis zur Migräne, Störungen des Kreislaufs, der Verdauungsorgane und des Genitalbereichs auseinandersetzen.»
Da unsere Träume von Schlangen aus einer tiefen Instinktsphäre des Lebens ins Bewußtsein gelangen, sind sie oftmals auch mit anderen archetypi-

schen Symbolen und/oder mythologischen Geschichten der Menschheit verbunden. Trefflich weiß der Autor auf diese Zusammenhänge aufmerksam zu machen und damit dem Leser den Reichtum und die Vielfalt der Schlangensymbolik zu erschließen. Besonders anschaulich werden die mitgeteilten Schlangenträume und deren Auslegung durch zahlreiche Bilder und Abbildungen. Ähnlich wie die Künstler die Lebenszusammenhänge mit der Natur schauen und darstellen, bringen auch die Träume die grundlegenden Lebensmuster zum Ausdruck, die C. G. Jung als archetypische Bilder und Symbole bezeichnet.

Am Ende des Buches wird der Leser durch zahlreiche Fragen zum persönlichen Umgang mit den Schlangen in seinen Träumen angeleitet. Wer in den wichtigen Entwicklungsphasen seines Lebens von Schlangen träumt und mit Angst oder Schrecken erwacht und fragt, was das zu bedeuten habe, sollte dieses Buch lesen.

Helmut Hark

Gewidmet meiner geliebten Frau
in Dankbarkeit

Diptychon mit Asklepios und Hygieia,
gegen 400 n. Chr.
(Victoria and Albert Museum, London)

Annäherung an die Schlange

Gegen Schlangenbisse, an die himmlische
Schlange

Wenn in der Nacht der Fuß
über ein Hindernis stolpert, das sich
zusammenzieht,
aufrichtet und beißt,
dann füge, o Schlange, du, unser Vater, der Vater
des Stammes,
– und wir sind deine Söhne –,
füge, daß es ein Zweig, ein kleiner Zweig sei,
der sich aufrichtet und schlägt,
und nicht einer deiner Söhne mit dem spitzen
Maul,
o Vater des Stammes, – denn wir sind deine
Söhne.

Gebet eines Pygmäenstammes in Mittelafrika, dessen Totemtier die Schlange ist (aus: Gebete der Menschheit, S. 238).

Wer sich nachts im Traum oder auch in einem Tagtraum plötzlich einer Schlange gegenüber sieht, der kann sich die Frage sparen, ob er Schlangen gern hat oder nicht. Ihm geht es wie dem Pygmäenjäger. Er muß sich mit der Natur der Schlangen auseinandersetzen, ob er will oder nicht. Der Pygmäe weiß noch, daß eine Schlange sowohl gefährlich als auch hilfreich sein kann. Die Antike läßt den Heilgott Asklepios (Äskulap) und die Gesundheit stets von einer Schlange begleitet sein. Der moderne Mensch muß sich erst wieder einfühlen lernen in das Wesen von Schlange und Schlangenhaftem im eigenen Leben.

Das Gebet des Pygmäen beginnt mit der Feststellung, daß die Schlangen Söhne des Schlangengottes und auch die Menschen Söhne dieses Schlangengottes sind. Menschen und Schlangen sind also Kinder des gleichen Vaters. Diese Beobachtung ist entscheidend für das Verständnis von Tierträumen und in unserem Fall von Schlangenträumen.

Im Tiertraum und im Schlangentraum begegnet dem Träumer zu ihm Gehörendes, Gleichartiges. Im Fall von Kuscheltieren mag das leicht sein. Zu «Schlange» dagegen gehört häufig eine ganze Portion Angst. Die Vorstellung, daß jemand Verwandtschaft oder verwandte Eigenschaften mit Schlangen haben könnte, erregt Erinnerungen an Schimpfworte: Sie oder er ist wie eine Schlange! Weib, dein Name ist Schlange! Brillenschlange! Wie die Schlange im Paradies! Schlangen- und

Natterngezücht! Das alles sind unangenehme Einfälle.

Die Arbeit mit Träumen setzt eben nicht nur Mut, sondern auch Bereitschaft voraus, uns dem wirklich Vorhandenen zu stellen und die Welt der Tagesillusionen von unserem Selbstbild zu verlassen. Im genannten Fall begegnen wir mit solchen Schlangenassoziationen der Angst vor dem negativen Urteil der anderen. In der Tat haben Schlange und Angst miteinander zu tun. Vom Klang her gehören sie zusammen. Von beiden wird gesagt, daß sie sich einschleichen. Verborgen in dunklen Winkeln unseres Wesens stoßen sie uns plötzlich zu. Der Schlangentraum stößt uns zu und gelegentlich stößt die Schlange im Traum zu. Hat sie zugestoßen, dann wird es uns oft eng, ein weiteres Wort, welches zu diesem Klang und zu diesem Wortsinn gehört.

Zum gleichen Wortstamm gehört das Wort schlängeln: Sich wie eine Schlange fortbewegen. Leicht und unhörbar. Jede Deckung nützend. Flink und geschmeidig. Das Bild der tanzenden Schlange führt zum geschmeidigen Tanzen des Menschen. Schlängelnde Bewegungen verbinden immer wieder die eine Seite mit der anderen, das eine Extrem mit dem anderen. Die Schlange enthält so aufgrund ihrer Fortbewegungsart bereits den symbolischen Charakter der Gegensatzspannung und Verbindung. Rituelle Tänze, Kreis- und Labyrinthtänze sind oft Schlangentänze. Ineinanderverschlungenes wird in der keltisch-germanischen, mittelalterlichen Buch- und Ornamentkunst zum Suchweg nach dem schwer zu findenden Sinn.

Ineinanderverschlungenes begegnet uns mit der Schlange. Die Schlange kann schlingen, was hinunterschlucken bedeutet, und eine Schlinge bilden, die uns einfängt wie das Wild im Wald. Zur Schlinge gehört dann wohl auch noch der Schlingel. Schlingel sind Menschen, die sich Unausweichlichem zu entziehen versuchen. Schlangenhaft winden und drehen sie sich, um bestimmten Verpflichtungen auszuweichen. In der Schlange erscheint ihnen das Unausweichliche. Hier ist die Schlange das paradoxe Gleiche, das den Schlingel betrifft. Er geht sich sozusagen selbst in die Falle.

Vergegenwärtigen wir uns, daß Schlingen und Schlange dynamische Bewegungen verkörpern. Ein Fluß fließt in Schlangenwindungen. Alte religiöse Vorstellungen erleben deshalb häufig die Macht der Gewässer in Bildern von göttlichen Schlangenwesen. Die Bewegung nach rechts oder nach links hin drehend wird aufgenommen in der Spirale, und die ruhende, aufgerollte Schlange mit dem Kopf in der Mitte ist das Symbol des Labyrinths.

Richten wir unseren Blick auf die Schlange in den Träumen, ist es also wichtig, alles Schlangenartige miteinzubeziehen. Linie, Seil und Knoten, Drahtgeflecht und Buchstabeninitial, Spiralförmiges aus der Chemie oder sonst einer Naturwissenschaft, Strömungen und Flüsse wie auch der Zickzack des Blitzes, sie alle können Erscheinungsformen des Schlangenartigen und der Schlangenkraft im Träumer sein. Deshalb gehört zum Verständnis von Schlangenträumen und allen anderen Träumen die Frage: Was bedeuten *mir* die Schlangen?
Jede allgemeine Antwort ist so richtig, wie sie allgemein ist, und so falsch, wie sie auch unbedingt individuell gültig sein will.
Träume wollen uns lehren, uns selbst und unser Leben besser zu verstehen. Der Weg der Selbsterkenntnis ist ein Schlangenweg, dessen Ende im Leben nicht zu überblicken ist. Aber was eine oder mehrere Schlangen mir bedeuten, das kann ich wissen. Ich brauche dazu nur meine eigene Erfahrung zu befragen.

Anhand der Geschichte des Träumers A läßt sich dies verdeutlichen: Er lebte in seiner Kindheit in einer Gegend, in der es keine Schlangen mehr gab. Dafür gab es Warnungen vor Kreuzottern, die er erst viel später auf einer Wanderung im Mittelgebirge sah. Er hatte ein Naturlexikon mit farbigen Schlangenbildern, aber auch mit vielen anderen Tieren.

Schlangen kannte er aus Erzählungen seines Vaters, der den Kleinen mit Schilderungen von armdicken Klapperschlangen im Westen der Vereinigten Staaten erschreckte, wo er in Gefangenschaft gewesen war. Blitzschnell sollten sie aus einer Höhle hervorschießen und zubeißen. Sandvipern aus dem Krieg in Nordafrika spielten eine ähnliche Rolle. Die ersten Schlangenträume tauchten etwa im Alter von 5–10 Jahren auf.

Der Junge wanderte jeweils in einer heißen, trockenen Gegend. Plötzlich tauchte vor ihm eine zusammengerollte Schlange auf, die als giftig empfunden wurde, und biß blitzschnell zu. Regelmäßig erwachte der Träumer voller Schrecken (I).

Diese Träume waren immer mit Fieber verbunden, weshalb er fieberhafte Erkrankungen sehr fürchtete. Seine Mutter hatte ihm erzählt, daß er im zweiten Lebensjahr an einer lebensgefährlichen Infektionskrankheit gelitten hatte und nur durch Transfusionen gerettet worden war.

Mit diesen Erlebnissen im Bewußtsein erstaunt es nicht, daß der Kleine beim Durchstreifen des Uferbereichs des nahen Flusses mit seinem Freund auf zwei große Nattern treffend in panischem Schrecken davonstob. Riesenlang erschienen ihm die Tiere, wie sie durch den Schlick des Ufers ins Wasser hineinglitten. Es versteht sich von selbst, daß er danach vor dem Baden an dieser Stelle große Angst hatte. Daneben war das Gewässer bekannt für seine vielen Schlingpflanzen. Deren Gefahr verband sich in seiner Fantasie mit den Schlangen, zumal sein Vater immer wieder davon zu berichten wußte, wie unvorsichtige Schwimmer von den Schlingpflanzen Sommer für Sommer in die Tiefe gezogen wurden.

Aber er kannte auch eine andere Seite der Schlange. Seine Mutter hatte ihm aus ihrer Jugend erzählt, daß ihre Eltern mit einem Halbindianer befreundet waren. Ging dieser mit ihnen spazieren, muß das in lauter «Schlangenintervallen» vor sich gegangen sein. Jedenfalls brauchte es im Laub oder Gras oder Unterholz nur zu rascheln, dann sprang der Bekannte hinein und zog mit geschicktem Griff eine Schlange ans Licht. Die ließ er natürlich wieder laufen, wenn er sie nicht für sein Institut brauchte, wo er ihr gekonnt, mit einem Biß der Schlange in ein Glas, das Gift entzog. Hatte er Besuch, pflegte er den Tisch, der mit einer Glasplatte belegt war, mit Schlangen zu dekorieren. So hörte es der Kleine. Jener Mann begründete Heldenfantasien in ihm und rief die Vorstellung wach, daß es Gegenkräfte gegen die Macht der

Schlangen geben könnte. Mit diesem Mann als Freund würde er sich auch in einen sehr gefährlichen Urwald getraut haben.
Der Kleine war eine sogenannte Leseratte. Aus der Bibliothek seines Vaters liebte er besonders drei Bände über Völkerkunde und darin besonders ein Bild mit tanzenden Hopiindianern, die Schlangen in ihrem Mund hatten. Indianer und Beherrschung der Schlangenkraft, Heldentum und geheimes Wissen verbanden sich für ihn zu einem hilfreichen Bild, das auch die Erzählung über eine Anakonda im Amazonasgebiet, die einen ganzen Hirsch verschlang, nicht zerstören konnte.
Da die Familie nicht sonderlich religiös war, lassen sich frühe Beeinflussungen von dieser Seite ziemlich ausschließen.
Zusammengefaßt war dem Träumer die Schlange bekannt als Angsttier, das durch sein Gift den Tod bringen konnte. Sie war für ihn verbunden mit trockenen und heißen wie auch mit feuchten Gegenden und Wasser. Dunkle Spalten, Baumhöhlungen, Fels und Strauch sowie Gift und Würgendes gehörten zu ihr. Auf der positiven Seite kannte er die aus dem Schlangenserum hergestellte heilende Medizin. Auch daß das Schlangenfett besonders heilsame Kräfte enthalten solle, war ihm bekannt. Diese Seite wurde später durch Lesebuchtexte in der Grundschule noch verstärkt, in

denen Geschichten von der segnenden Schlange in Haus und Hof beschrieben waren.
Der halbindianische Wissenschaftler in Verbindung mit den Schlangentänzern und dem Regenzauber wurden zu positiven Leitbildern, in denen sich der Archetyp des Helden und wissenden Schamanen mit naturwissenschaftlicher Arbeit verbanden. Die dadurch wachgerufenen psychischen Kräfte halfen dem Träumer, die Schrecken seiner Fieberschlangen in Schach zu halten.
Für das Verständnis der Träume ist es wichtig, den ganzen Traum anzusehen. Da der Träumer in einer Gegend lebte, in der keine Schlangengefahr bestand, können wir ausschließen, daß das Unbewußte mit diesem Traum eine direkte Warnung aussprechen wollte, was das Umherstreifen in der Umgebung betroffen hätte. Somit bezieht sich der Traum auf die Gesamtpersönlichkeit des Träumers.
Es legt sich nahe, die heiße, sandige Gegend im Traum mit der Hitze des Fiebers in Verbindung zu bringen. Der im Traum erlebte Weg läßt vermuten, daß hier nichts Ruhendes, sondern dynamische Entwicklungen angedeutet werden: Veränderungen im Leben des Träumers, die ihn mit einer tödlichen Gefahr konfrontieren. In der Tat zeigt die Beobachtung von Kindern häufig, daß sie nach einer Krankheit einen großen Entwicklungs-

schritt nach vorne getan haben. Oft sieht es so aus, als ob die Durchgangsstufe der Entwicklung soviel Kraft kostet, daß dadurch das Immunsystem in Mitleidenschaft gezogen wird und infektiöse Krankheiten auftreten.

Die Schlange kann hier als ein Symbol der Angst verstanden werden, die den Menschen befällt, der vor einem neuen Schritt seiner Entwicklung steht. Es ist die Angst vor dem Leben selbst, als Angst, im Leben – paradoxerweise – zu sterben. Es ist Prüfungs- und Durchgangsangst, bei der die Schwierigkeit, alte Lebensphasen loszulassen und sterben zu lassen, eine erhebliche Rolle spielt. Das alte Kinderlied vom «Hänschen klein», das seine Mutter nicht verlassen kann, weil sie so sehr weint, gehört hierher.

In der Tat erinnerte sich der Träumer daran, ein sehr an die Mutter gebundener liebevoller Sohn gewesen zu sein, was sich durch die häufigen Krankheiten der Eltern und ihr gegenseitiges Leiden aneinander in der Ehe noch verstärkte. Das Leben zeigte sich in Kriegs- und Nachkriegsjahren sowohl kollektiv als auch persönlich nicht gerade verlockend. Die Schlangen dieser Kindheitsträume lassen sich gut verstehen als die Schrecken der Umwelt, die mit ihrem Biß jeden Schritt ins Unbekannte bedrohten.

Betrachten wir das Lebensalter, in dem diese

Schlangenträume auftauchten, dann läßt sich noch eine spezielle Seite der Schlangensymbolik heranziehen. Unser Träumer erlebte seinen Vater erst nach Krieg und Gefangenschaft und war deshalb intensiv mit der Mutter verbunden. Die elterlichen Zerwürfnisse bezog er direkt auf die Männlichkeit des Vaters, zumal dieser von seinem Leiden unter dem Wesen seiner Frau nicht erzählte. Mann sein und Müttern Leid verursachen verbanden sich recht schnell. Gelegentlich kann die Schlange, die sonst Symbol für beide Kräfte sein kann, auch ausschließlich als Symbol der Männlichkeit auftauchen. Hier bedeutet der Weg ins Leben auch den Weg, ein Mann zu sein, was den Penis mit einer gewaltigen und gefährlichen Macht ausstattet.
Für die zukünftige Entwicklung des Träumers ein günstiges und ermutigendes Zeichen seiner Ichstärke ist die Tatsache, daß er immer aus diesen Träumen, wenn es gefährlich wurde, aufwachen konnte. Auch später hatte der Träumer direkten Zugang zum Unbewußten. Was ihm zu einer Quelle steter Krafterneuerung wurde, war in seiner Kindheit zunächst eine Bedrohung. Das Unbewußte konnte jederzeit ins Bewußtsein einbrechen, wenn durch die Lebensumstände die Ichstärke herabgesetzt war. Aber das Bewußtsein wurde nie vom Unbewußten überschwemmt oder

zerstört. Wenn die Belastung zu groß wurde, konnte der Träumer zurück auf die rettende Insel des Wachseins gelangen.
Es zeigt sich hier bereits die heilende Kraft der Schlange wie auch der Träume überhaupt: Ohne jemals den Sinn der gefürchteten Träume zu verstehen, wurde dem Träumer regelmäßig die Erfahrung zuteil, daß er in gefährlichen Situationen besonders gut auf seinen Weg schauen mußte und besonders wach zu sein habe. Auch diese Fieberträume waren bereits eine Initiation ins Leben.

Anschauen der Schlange

Nach der Klärung des persönlichen Wissens und der persönlichen Erfahrung mit dem Gegenstand des Traumes, in unserer Betrachtung mit der Schlange, beginnt eine neue Runde bei der Umkreisung der Schlange auf unserem Schlangenweg. Auf die Wahrnehmung erfolgt das Anschauen und das Ordnen des Geschauten. Es gilt, sich in die Natur der Schlange zu versenken.
Als erstes fällt die Gestalt der Schlange auf. Lang-

gezogen bewegt sie sich durch das Gelände, schlängelt sich hierhin und dorthin. Mit Recht bezeichnet der «Dictionnaire des Symboles» sie als lebendiggewordene Linie (IV, S. 181). Der Ausdruck der Fremdartigkeit wird ausgelöst durch ihre eigenartig ziehende Bewegung, die schlängelnd – rechts und links verbindend – dahinfließt. Geradlinig zustoßend ist sie nur beim Biß. Die Schlange kommt aus dem Unsichtbaren und geht ins Unsichtbare, ist damit für das Bewußtsein des Menschen verbunden mit lebendiger Kraft, die Sichtbares und Unsichtbares verbindet.

Fremdartig wie die Bewegung durch Muskelkontraktion, die an die Darmmuskulatur erinnert – wie die Schlangengestalt selbst an den Darm erinnert –, ist auch das Äußere. Die Schlange trägt ein Kleid und gilt doch als nackt. Sie hat damit teil an der Symbolik der Nacktheit, soweit sie Wahrheit, Echtheit und Schutzlosigkeit bedeutet. Die nackte Wahrheit ist eine Schlange, die den Menschen aus dem Dunkel der Verhüllungen und Illusionen heraus überfällt. Schlangenbegegnung heißt auch Begegnung mit einer unverhüllten Wahrheit.

Schließlich gehört zur Schuppenhaut der Schlange, die zum Vorbild von Schuppenhäuten und Schuppengeflechten in der antiken und mittelalterlichen Kriegstechnik wurde, das Wunder der Häutung. Wenn die Schlange gewachsen ist, wird

es ihr in ihrer Haut zu eng. Sie kann dann die Haut abstreifen und wird so zum Bild von Erneuerung, Auferstehung und Wiedergeburt. Kein Wunder ist es deshalb, wenn die Schlangenkraft auch als Gestalt Christi erlebt wurde. Christus ist die Medizin, die den Tod als Krankheit des Lebens überwindet. Verbunden mit der Symbolik des Weges, die sich ebenfalls sowohl bei der Schlange als auch den großen Erlösern und Heilsgestalten findet, erscheint hier jene Kraft der Schlange, die verschiedene Seiten heilsam verbinden kann, die Bewußtes und Unbewußtes vereinigt und zur Genesung führt. Einseitiges Bewußtsein wird durch das Erlebnis der Schlange kompensatorisch von seiner Einseitigkeit geheilt.
Schließlich gehört zur Betrachtung der Schlange die Erinnerung an ihre Sinnesorgane. Schlangen besitzen kein unserem Gehörsystem vergleichbares Wahrnehmungsorgan. Dafür nehmen sie die feinsten Erschütterungen wahr, reagieren intensiv auf Wärmestrahlung und haben durch ihre Zunge ein vorzügliches Geruchsorgan. Die Augen nehmen nur Objekte wahr, die sich bewegen. Die geschilderten Wahrnehmungsorgane reihen die Schlange neben dem Hund in die Symbole ein, die als instinktive Kräfte dort wahrnehmen können, wo die menschlichen Augen versagen.
Schlangen sind wie Hunde Tiere der Seelenfüh-

rung. Präziser gesagt, Führer des Bewußtseins in den Gefilden des Unbewußten. Deshalb wurden Schlangen häufig an Orakelstätten als weissagende Tiere verehrt.

Auf den ersten Blick sind an der Schlange keine geschlechtlichen Unterschiede zu erkennen, sie scheint somit für die Symbolik beide Geschlechter in einem Körper zu vereinigen. Mit ihrer Fähigkeit, bald männlich, bald weiblich oder beides in einem zu sein, verkörpern sie eine Einheit, die beim Menschen in der Trennung der Geschlechter äußerlich zerrissen ist und als innere Einheit heute mühsam wiederhergestellt werden muß, um seelische Gesundheit zu bewirken. Auch hier ist die Schlange Symbol der Heilung durch Verbindung der Gegensätze.

Fremdheit scheint demnach gegenüber der äußeren Gestalt und den Sinnesorganen vorzuherrschen. Ähnlichkeiten finden sich – wie bereits erwähnt – mit der Gestalt des Darmes und vor allem mit der Gestalt des Kleinhirns, verbunden mit dem Rückenmark. Hier stoßen wir auf die stammesgeschichtlich ältesten Verbindungen. Die Schlange symbolisiert auch den Kontakt zu jenen tiefen instinktiven Schichten, die in diesen Körperregionen des Menschen angesiedelt sind und allzuoft vom Bewußtsein kaum beachtet und noch weniger gepflegt werden. Dazu gehören alle

autonomen Vorgänge des Körpers und der Psyche wie Einatmen und Ausatmen, Nahrung aufnehmen und verdauen, Sexualität und Erotik, das gesamte Stoffwechselgeschehen.
Bei Schlangenträumen ist die Frage wichtig, wie der Träumer mit der biologischen Grundlage seines Lebens umgeht. Dabei ist mit dieser biologischen Grundlage selbstverständlich auch die Psyche gemeint, die sich in den Gefühlen ausdrückt, welche mit diesen Teilen des Lebendigen verbunden sind: Ärger, Wut, Schmerz, Freude, Lust, Sehnsucht, Hunger - auch der Hunger nach Leben –, Sättigung, Gier und was auch immer dazugehört. Meiner Erfahrung nach müssen sich Schlangenträumer häufig mit psychosomatischen Erscheinungen wie Kopfschmerzen bis zur Migräne, Störungen des Kreislaufs, der Verdauungsorgane und des Genitalbereichs auseinandersetzen. Wer unter dieser Voraussetzung von Schlangen träumt, wird mit Recht die Angstseite der Schlange als Warnung erleben, die bedeutet: Achtung, es geht an die Substanz.
Wahrscheinlich ist dies der tiefere Sinn der Tatsache, daß in Griechenland - wie es die erste Abbildung zeigt - die Schlange die Begleiterin des Arztgottes Asklepios (Äskulap) und der Göttin der Gesundheit ist.

Erste Begegnungen mit der Schlange

Die Träumerin B beginnt ihre Traumarbeit mit dem zweiten Schlangentraum-Beispiel dieses Buches. Sie träumt:

Plötzlich merke ich, daß ich in einem Korb mit seildicken Schlangen liege. Ich fahre hoch vor Schrecken und wache schreiend auf (II).

Sie malt dazu ein Bild.

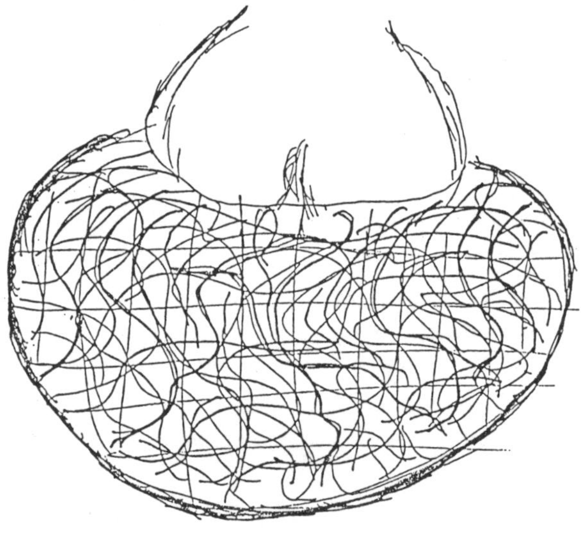

Tatsächlich hatte eine Fülle von Symptomen die Träumerin zum Aufwachen gebracht. Störungen im Genitalbereich, Schwierigkeiten mit dem Ehemann und mit den Kindern, Schlafstörungen, Kopfschmerzen hatten ihre äußerlich geordnete Welt durcheinandergerüttelt. Nach einem längeren Leidensweg war sie schließlich in Therapie gekommen. Ihre erste Assoziation zu diesem Traum spiegelt ihren Schrecken: Liz Taylor, als Cleopatra in den Schlangenkorb greifend.

Zentrum der Bearbeitung muß hier zunächst das erreichte Ziel des Traumes sein: Sie wacht auf.

Aufwachen und Bewußtwerden gehören zusammen. Wenn Mensch und Tier schlafen, sind sie unbewußt und nur auf den Schutz bestimmter Reflexe angewiesen. Schlaf und Unbewußtes sind verknüpft mit frühen Paradiesesvorstellungen. Im ersten und zweiten Kapitel der Bibel wird der Mensch als unbewußt geschildert. Nach der Begegnung mit der Schlange und der Übertretung des Verbots wird er bewußt. «Da wurden ihre Augen aufgetan» (1 Mose 3,7).

Dic Bcgegnung mit der Schlange bedeutet also Bewußtseinserweiterung. Bei der Träumerin B erfolgte diese Bewußtseinserweiterung durch Schrecken. Sie bestand für sie in der Erfahrung, daß sie an einem sehr gefährlichen Ort unbewußt war.

Das Symbol des Schlangenkorbes führte zu Cleopatra, aber auch zum alltäglichen Haushalt. Es war nämlich ein Einkaufskorb, mit dem die Lebensmittel transportiert wurden. Bei genauer Betrachtung des Bildes wird eine Verbindung zwischen den Schlangen und dem Korb erkennbar. Das Geflecht des Korbes hat die gleiche Gestalt wie die ineinander verwickelten Schlangen. Die Gefahr kommt also gleichermassen vom Korb wie von den Schlangen. Beides repräsentiert verschiedene Aspekte der gleichen Gefahr. Die Assoziation «Einkaufskorb» war hier entscheidend. Denn in Wirklichkeit war die Träumerin in der Gefahr, in ihren mütterlichen Pflichten sich selbst und die Familie zu ersticken. Familienleben und das persönliche Leben begannen, sich in der mütterlichen Sorge um den Haushalt zu erschöpfen, wobei für alle Beteiligten eine dumpfe Unzufriedenheit die Folge war. Alle anderen Fähigkeiten weiblichen Lebens blieben undifferenziert wie die nach allen Richtungen dahinstrebenden Schlangen.

Wirre Knäuel von Schlangen sind oft ein Zeichen dafür, daß die Lebensenergie wenig Möglichkeiten hat, sich gezielt zu entfalten. In diesem Traum sind die Schlangen obendrein eingesperrt in dem zum Bereich des Hausfraulich-Mütterlichen gehörenden Einkaufskorb. Aber auch hier ist die Fähigkeit, aufzuwachen und nicht dem hypnotischen Blick der Angst zum Opfer zu fallen, ein günstiges Vorzeichen für den Verlauf der Therapie.

Beim Träumer C verdichten sich viele Bilder mit Lilien-, Krokus-, Schwanen-, Enten- und Gänseköpfen, Zwiebelmotive mit Gebärmuttercharakter und Schlingpflanzen eines Tages zu der klaren Zeichnung eines Männergesichtes mit einer Schlange auf der Stirn. Auch die rechte und linke Stirnbegrenzung ist schlangenartig ausgeführt. Ein Vergleich der Gesichtshälften läßt erkennen, daß die natürlichen Verschiedenheiten eingehalten wurden, aber auch in ihrer Verschiedenheit akzentuiert wurden durch die mäßig verschiedenen Augenbrauen und die schwarze Iris des rechten Auges sowie die weiße des linken Auges. In den ebenso verschiedenfarbigen Pupillen erkennt man, daß dem Maler hier an Stirnschlange und Augen ablesbar ein ausdrucksvolles Symbol gelungen ist. Die Schlange auf der Stirn ägyptischer Könige des Altertums ist Zeichen der lebenserneuernden Macht, die sie von den Göttern verliehen bekommen haben, aber auch ihrer Macht über Leben und Tod.

Hinter dem dunklen rechten Auge des Bildes – das in Wirklichkeit das linke des Portraits ist –, geht der Blick direkt in die Tiefen des Nichts oder des

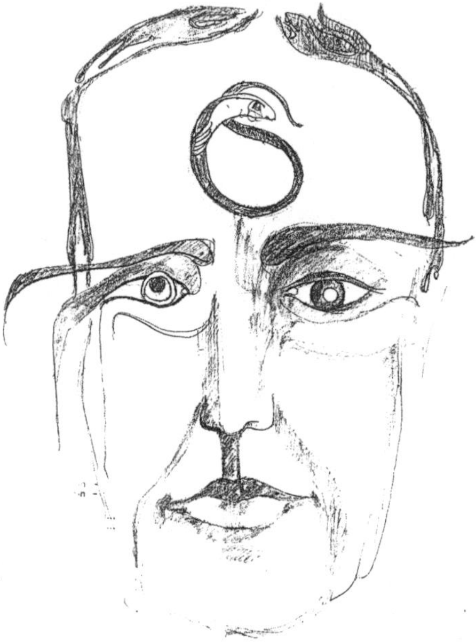

Jenseits. So vereinigt das Bild in sich die Macht des Jenseits und des Diesseits, was wiederum ein weiteres Kennzeichen der Schlangensymbolik ist. Tod und Leben fallen im Bild der Schlange zusammen. Dem Träumer ist in seiner umfassenden Aussage hier ein regelrechtes «Gottesbild» unter den Stift gekommen.

Wenig später kündigt sich in dem folgenden Traum eine weitere wichtige Entwicklung des Träumers C an:

Der Träumer geht spazieren und legt unabsichtlich mit dem Stock auf einem Acker ein Loch mit Schlangen frei. Zuerst sieht er kleine, dann riesengroße Schlangen – geringelt um perlenähnliche Eier (III).

Der Träumer erkannte im Nachdenken über den Traum, wie schwierig auch in Träumen der eigene blinde Fleck zu überwinden ist. Von seinem Herkommen her war ihm das Gleichnis vom Schatz im Acker (Mt 13,44f.) durchaus bekannt. Aber nicht einmal die perlenähnlichen Eier brachten ihn darauf, den Sinn des Traumes zu verstehen. In der Bibel wird die Perle von Jesus verwendet als Symbol der höchsten Kostbarkeit, des Reiches Gottes. Schatz im Acker, kostbare Perle und Reich Gottes sind tiefenpsychologisch betrachtet Symbole der höchsten Werte einer Persönlichkeit und des Lebens schlechthin. Der Träumer hatte seine höchsten Werte bislang weitgehend in einem differenzierten, aber einseitigen Denken gelehrt bekommen. In seinem Traum fand er absichtslos, unbewußt, intuitiv die Schlangen und den damit verbundenen höchsten Wert auf dem Acker, das heißt in der Natur.

Die weitere Entwicklung zeigte, daß es ihm nach dem Traum gelang, sein einengendes Denken durch die psychischen Bilder zu erweitern. Auch seine religiösen Vorstellungen wurden mit Hilfe

des Traumes wieder an das Leben angebunden. Gleichzeitig wurde aber in der Begegnung auch die Gefahr deutlich, in der er sich befand. Auch sehr differenziertes Denken kann gelegentlich in geradezu kindlicher Naivität mit hochgefährlichen Inhalten umgehen, gerade wie Kinder, die auf ein Schlangen- oder Wespennest stoßen und darin dann mit ihren Stöcken herumstochern.
Dieser Traum kündet an und fordert geradezu, daß eine lebensgefährliche Enge dringend überwunden werden muß, damit sich die Schlange als Heilsschlange und als Kraft der Erneuerung entfalten kann. Der Träumer mußte dazu den Weg zurückgehen bis zum mütterlichen Symbol des Ackers und des Ursprungs im Ei. Dieser Weg ist voller Gefahren, wie das Schlangennest zeigt. Angesichts der früheren Haltung empfahl sich dem Träumer eine intensive Auseinandersetzung mit der Schlange, um die Enge seines Denkens zu überwinden.
Eine auffällige Bedeutung hat die Schlange in seinem Traum als Schatzhüterin, die auch der Träumer A in einem Bild dargestellt hat.
Die Schlange ist auch der schatzhütende Drache. Für das sich entwickelnde Ich gibt es keinen Weg an der Schlange vorbei, will es zum tieferen Sinn des eigenen und des kollektiven Lebens vordringen. Was im Mythus als der Drachenkampf der

Helden wie Siegfried dargestellt wird, ist für stark auf intellektuelles Denken festgelegte Menschen die Notwendigkeit, sich mit den einfachsten und grundlegendsten Regungen des eigenen Lebens auseinanderzusetzen und sie zu pflegen. Einseitiges Denken macht oft hochmütig und kennt wenig Achtung vor der Natur lebendiger Zusammenhänge. Diese werden eher technisch verstanden und auf Formeln reduziert. Hier holt dann oft ein Schlangenbiß den Betroffenen auf den Boden seiner natürlichen Existenz herunter.

Bevor der Träumer A in der Lage war, sich der Schlange als Schatzhüterin zu stellen, mußte er noch einen langen Weg zurücklegen. Er träumte nach seinen Fieberträumen der Kindheit als Erwachsener erstmals wieder einen Schlangentraum:

Ich bin in einem hohen Haus, vielleicht im Moskauer Kreml, jedenfalls in Moskau. Ich fahre im Fahrstuhl nach unten und entdecke plötzlich entsetzt, daß die Schlange, die ich in zwei Teile geschnitten und tiefgekühlt hatte, durch die Wärme meiner Hände aus der Starre wieder aufwacht, und nun muß ich mich mit zwei Schlangen auseinandersetzen (IV).

Für den Betroffenen war der Traum alles andere als heiter; um sich ja nicht mit seiner Schlangennatur auseinandersetzen zu müssen, hatte er –

schlau wie er war – einen doppelten Weg eingeschlagen, nach dem Motto «doppelt gemoppelt hält besser»; so stark war seine Angst vor dem Lebendigen in ihm selbst. Bewußtes Wissen wird im Traum vom Unbewußten gezielt eingesetzt. Der Träumer wußte, daß Schlangen in der Kälte starr werden und schlafen. Er wußte aber auch, daß Regenwürmer nach einer Durchtrennung weiter lebensfähig sind. Kälte als Symbol läßt ahnen, wie stark die Schlange mit warmen Gefühlen verbunden ist – ganz entgegen ihrer angeblich kaltblütigen Art. – Schnee, Eis, eisige Gegenden tauchen oft in Depressionen von Mitteleuropäern als Bilder von Zuständen auf, in denen das Bewußtsein von der warmen Erde und allem Lebendigen getrennt ist. Tatsächlich hatte der Träumer das Einfrieren seiner Schlange mit Depressionen bezahlt. Mit dem Traum scheint sich eine neue Entwicklung anzubahnen. Er hat seine Schlange wieder in den Händen – wie früher die Große Mutter auf Kreta oder wie die mit Schlangen tanzenden Indianer. Seine Angst vor dem, was sich da zu regen beginnt, ist noch groß, aber es steigen bei ihm auch positive Schuldgefühle auf, wie kalt und gefühllos er wohl mit seiner Natur umgegangen sein mußte. In der Angst steckt übrigens häufig eine Menge schlechten Gewissens und auch Angst vor der Rache des betroffenen Wesens.

Träume können auch als Spiegel betrachtet werden. Sie geben dann Blitzlichtaufnahmen des gegenwärtigen oder dauernden Zustandes eines Träumers wieder. Das zeigt sich besonders bei Bildern ohne Dynamik und Bewegung. Erscheint nun die vom Menschen als kaltblütig empfundene Schlange im Traum, so kann dies auch eine Aufforderung zu der Überlegung sein, *wo* im eigenen Wesen eine solche Kaltblütigkeit vorliegt. Zwar heißt es sicher zu Recht, daß für den Helden eine gewisse Kaltblütigkeit erforderlich ist, und so schenkt Esther Harding den Schlangenaugen des Helden besondere Beachtung (Das Geheimnis der Seele, S. 275), aber im normalen Alltag kann Kaltblütigkeit für warme Beziehungen störend sein.

Die Angst des Träumers A wirkte so stark, daß er mit zerschneidendem Verstand die Ganzheit der Natur zu trennen versuchte. Für ihn lag zu «Moskau» die Assoziation Mütterchen Rußland und Diktatur nahe. In der Tat hatte sein Intellekt, den er als Abwehr entwickelt hatte, eine Tendenz zum Totalitarismus. In der Abwehr der Schrecken des Elternhauses war sein Intellekt zuerst eine Stütze gewesen, um dann später, als das Leben sich entfalten wollte, zu einem übergewichtigen Hindernis zu werden. Wie nicht anders zu erwarten war, litt er unter heftiger Migräne, die sich in der Therapie nicht selten als «gefrorene Wut» herausstellte: Symbol für ein überwertiges Denken, das der emotionalen Lage nicht mehr Herr wird und sich darüber den Kopf zerbricht, als auch für die sich zur Wut zusammenballenden Gefühle, die wehrlos und eingeschlossen sind. Die Begegnung mit der Schlange ist hier lebensnotwendig, weil der Träumer sonst von seinen Wurzeln abgeschnitten wird oder bleibt.

Schlangenartiges

Zu einem späteren Zeitpunkt träumt A den folgenden Traum:
Mit anderen komme ich auf meiner Wanderung an einen Hügel. Er besteht aus einer Lehmschicht. Ihr entströmen nach allen Himmelsrichtungen lebendige Quellen. Sie schlängeln sich glitzernd durch das Land. Eine französische Jugendgruppe staut spielerisch den Bach, der in die Richtung fließt, aus der wir kommen. Erst bin ich ärgerlich, dann finde ich, daß sie ihr Vergnügen haben sollen. Das Wasser wird sich schon seinen Weg wieder graben.
Auf der anderen Seite liegen die Reste einer uralten Stadt. Ich sehe den Stadtplan vor mir. Es war ein längst verschwundenes Volk, das hier aus unbehauenen Steinen dunkle Häuser und Heiligtümer errichtet hatte. Sie wurden von den Römern vertrieben, aber ihr Geist ist lebendig. Als eine Gruppe französischer Soldaten von unten kommt, habe ich ein wenig Angst, mit meiner Frau weiterzugehen. Dann aber wird mir klar, daß Frieden ist und sie auch nur die Stadt besichtigen wollen (V).

Quellen und Wasser gehören mit den Schlangen zusammen. Der vorliegende Traum verbindet sie im Bild aufs schönste. Die Schlange kommt aus den dunklen Tiefen der Erde wie das Wasser eines Brunnens oder einer Quelle.

Der Träumer hat sich längst auf den Weg gemacht. Er ist an einem Punkt seines Schlangenwegs angekommen, an dem er erlebt, daß die in der Schlange abgebildete Naturkraft in sich die Ganzheit des Kosmos, die vier Himmelsrichtungen und das Zentrum, den Hügel sozusagen als Nabel der Erde, enthält. Begegnung mit ihr bedeutet Erfrischung und neues Leben. Dabei wird wichtig, was dieses schlangenartige Wasser als Begegnung enthält: Jugendliche als Symbol der Entwicklungsmöglichkeit, Spielerisches als Symbol des zweckfreien Tuns, das in sich Lernen aus dem Unbewußten heraus verkörpert, und die Fähigkeit gezielt zu kämpfen, die in den Soldaten auftaucht. Noch hat er Angst vor seinen pubertären jugendlichen Anteilen, wie auch vor seinen kämpferischen Möglichkeiten.

Die Chinesen bezeichnen das Wasser als den härtesten Stoff. In der Botschaft, daß das Wasser des Lebens sich seinen Weg schon graben wird, liegt Weisheit für den Träumer A. Er braucht nicht für Ordnung zu sorgen, wenn die Psyche spielt. Die seelische Energie findet ihren Weg, und das Ich hat auch mit seinen bislang abgelehnten kämpferischen Anteilen Frieden geschlossen. So kann die Schlange zum Bild werden für den sich dahinschlängelnden Lauf des Wassers, wenn er den Lauf des Lebens darstellt, wie auch für die plötzlich aus der Höhle der Erde hervorschießende lebendige Kraft. Einige Zeit später träumt er, daß er an eine Quelle kommt, die wie eine Schlange aus dem Boden schießt (VI. Traum) und wieder einige Zeit später kommt er in ein Heilbad mit ebensolchen Quellen namens «Heilbronn», wo er Gesundheit und Stärke findet (VII. Traum).

Das Beispiel dieser Verknüpfung oder Verschlängelung macht einen weiteren Grundsatz der Traumdeutung sichtbar: In unseren Träumen webt unsere Psyche die verschlungenen Muster unserer Gesamtpersönlichkeit in anschaulichen Bildern. Gerade Schlangenträume verlangen gebieterisch die Verknüpfung mit den übrigen Seelenbildern. Ihre Botschaft lautet so gesehen: Verbindung gegen Spaltung.

Dieses Motiv der verbindenden Schlangenkraft wird eindrucksvoll sichtbar in der Stickerei auf dem Staatskleid eines chinesischen Mandarins aus dem 19. Jahrhundert (s. folgende Abb.). Sie stellt die Verbindung der beiden Urprinzipien Yin und Yang dar. Drachen und Schlangen können wir in den Träumen häufig gleichsetzen.

Der folgende Traum verwendet wieder die Schlangengestalt als Symbol der vegetativen Kraft des Lebendigen. Im achten Traum zeigt der Träumer A seiner Tochter, wie sie ihren Weg findet «durch die Schlangenstreifen der Gärten» (VIII). Und der Schlangenweg taucht danach im neunten Traum als Serpentine auf:

Ich laufe im Wald eine Serpentine von links nach rechts. In ihr entdecke ich eine weibliche Gestalt zwischen Mädchen und Frau. Ich denke, während ich in der Kurve bin, daß ich sie doch nicht liegenlassen kann. Nun kommt auch ihr Freund hinzu. Es stellt sich heraus, daß sie beide ihrer strengen Mutter fortgelaufen sind. Ich beschließe, sie mitzunehmen (IX).

Wenig später erfährt der Träumer in seinem zehnten Schlangentraum endgültig, daß sein Leben ein «Schlangenweg» sei (X). War im neunten Traum die Schlangengestalt Wegbeschreibung, so wird durch sie im zehnten Traum eine Identifikation beschrieben. Der Träumer schwingt ein in den Rhythmus des Lebens, das von einem Höhepunkt der Selbstentwicklung über die Tiefe der Auflösung in den nächsten Höhepunkt schwingt. Vom Höhepunkt der Geburt durch die Tiefe der «Nesthockerzeit» nach der Geburt zur Höhe des Kleinkindalters, durch die Tiefe der Krise zwischen 4–6 Jahren zur Höhe des Großkindalters usw. Der lebendige Rhythmus der Natur schwingt im Auf und Ab der Linien.

Bei den Psychoanalysen ist die Entwicklung oft mit einer spiralförmigen Schlangenlinie vergleichbar, bei der genaues Hinsehen den Fortschritt zu beschreiben erlaubt. Entgegen der europäischen Fortschrittsideologie, die nur ein Eilen vom Guten zum immer Besseren erlaubt, gilt es festzuhalten, daß die Schlange als Symbol des Lebens Auflösung und Neuwerdung in sich verbin-

det. Der neunte Traum läßt eine weitere Wendung im Leben des Träumers A erkennen:
Wichtige psychische Inhalte erscheinen, die bislang im Mutterkomplex gefangen waren, und werden integriert. Zunächst eine weibliche Kraft, dann eine männliche. Hinter dem Traum läßt sich unschwer das Motiv der Flucht von Bruder und Schwester aus dem Haus einer negativen Mutter erkennen, wie sie das Grimmsche Märchen von Hänsel und Gretel oder das von Brüderchen und Schwesterchen erzählt. Der Traum erlaubt auch einen Ausblick auf die Liebesfähigkeit des Träumers, der nun entscheidende Anteile der Fähigkeit zu Freundschaft und Liebe aus dem Bereich der Sehnsucht nach mütterlicher Geborgenheit und kleinkindhafter Sehnsucht nach Anerkennung heraushalten kann.
Im elften Traum enthüllen sich Kräfte, die nicht an ihrem Platz sind:
Ich bin dabei, das Frühstück zu servieren. Da entdecke ich, daß ich zwei Wesen wie Backenhörnchen im Zimmer habe. Sie rollen sich beim Anfassen zusammen und beißen auch. Sie sind niedlich, aber ihr Flurschaden ist groß. Ich befördere sie nach draußen. Dann entdecke ich im Zucker eine Art Tausendfüßler. Auch ihn werfe ich durchs Fenster. Die Backenhörnchen spielen im Garten. Ein schmutziger Schlangenkaktus bewegt sich

unter dem Spülstein und reißt den Boden auf. Er sieht aus wie eine grüne Schlange. Ich muß ihn unbedingt verpflanzen (XI).

Sichtlich gibt es in diesem Haushalt Leben, das nicht an dem ihm gemäßen Platz ist. Das Wort Haushalt ist heute im allgemeinen Sprachgebrauch auch mit dem Stichwort «psychischer Haushalt» verbunden. Sehen wir von den drei ersten psychischen Kräften ab und wenden uns dem Gegenstand des Buches zu, dann entdecken wir die grüne Schlange der Natur in Gestalt eines Schlangenkaktus unter dem Spülstein. Also ganz im Bereich des Vegetativen und obendrein in einer Gestalt, die auch in einer wüstenähnlichen Gegend überleben kann. Kakteen sind für ihre Überlebenstechnik durch Speicherung des Wassers und durch ihre Stacheln bekannt. Weder der Kaktus noch die grüne Schlange sind unter dem Küchenspülstein am richtigen Platz. Der Träumer zeigt sich hier seiner Natur zugewandt und sorgt dafür, daß die Pflanze an einen richtigen Platz kommt, weil sie sonst den Küchenboden zerstören würde.

Die Assoziation zum Traum erbrachte, daß im Bild des schlangenartigen Kaktus ein Stück Männlichkeit auftauchte, die noch ganz im Bereich des Mütterlichen in der Küche gefangen war, sich aber nun mit Macht Bahn gebrochen hat.

Als Letztes und Tiefstes begegnet uns Schlangenartiges im Symbol der Spirale oder des Labyrinths. Im folgenden Traum verhält sich der Betroffene den inneren Kräften gegenüber richtig. Die Spirale wendet ihm deshalb ihre gewährende, freundliche Seite zu und nicht die versperrende, verschlingende.

An der Grenze nach Jugoslawien bejahe ich die Bitte, im Sommer für 12 km den Zug zu nehmen, um den Autostau aufzulockern. Das scheint mir die richtige Antwort gewesen zu sein.

Nun gehe ich mit meiner Frau zu Fuß. Uns folgen fünf Mummenschanz treibende Gestalten in dieser Nacht. Ich verhalte mich gleichfalls neckend. Auch das scheint richtig gewesen zu sein.

Dann kommen wir an eine Stelle, wo die Straße einen Bach im rechten Winkel überquert. Am Bach ist unter einem Holzdach, das sie ganz abdeckt, eine Waschstelle eingerichtet. Oben dreht sich eine große Spirale aus Metall, die den Weg öffnet und schließt. Nach freundlichem Gruß an die Wäscherin links kann ich den Weg mit einem leichten Ruck öffnen.

Die Wäscherin winkt uns ebenfalls freundlich zu. Nun können wir weitergehen. Wir sind jetzt so einfach gekleidet wie die anderen. Umhang und Decke aus Filz und Tuch, breiter Hut und Fußlappen mit Riemen. Meine Frau schläft in meinem Schoß. Glück erfüllt mich (XII).

Die schlangenartige Spirale ist hier der Ausdruck der Beziehung. Dreimal fällt der Träumer nicht aus der Beziehung heraus und trifft die richtige Antwort. Das Schlußbild bestätigt das doppelt. Einerseits ist die Grenzüberschreitung geglückt. Auch äußerlich ist er einfacher geworden. Andererseits zeigt sich die gewonnene Beziehung nach innen und außen im Bild des glücklichen Paares. Schlangenartig ist auch das Liebeserlebnis. C.G. Jung zitiert dazu ein Gedicht von Eduard Mörike (Ges. Werke 5, S. 27; Grundwerk 7, S. 20):

Erstes Liebeslied eines Mädchens

Was im Netze? Schau einmal!
Aber ich bin bange;
Greif' ich einen süßen Aal?
Greif' ich eine Schlange?

Lieb' ist blinde
Fischerin;
Sagt dem Kinde,
Wo greift's hin?

Schon schnellt mir's in Händen!
Ach Jammer! O Lust!
Mit Schmiegen und Wenden
Mir schlüpft's an die Brust.

Es beißt sich, o Wunder,
Mir keck durch die Haut,
Schießt's Herze hinunter!
O Liebe, mir graut!

Was thun, was beginnen?
Das schaurige Ding,
Es schnalzet da drinnen
Es legt sich im Ring.

Gift muß ich haben!
Hier schleicht es herum,
Thut wonniglich graben
und bringt mich noch um.

Schlange und Gefahr

Sehr viele Menschen reagieren mit Angst auf die Begegnung mit einer Schlange. Darum gilt es, sich der Schlange als Angstsymbol zuzuwenden. Der Träumer A sah sich nach einiger Zeit mit sich selbst in Gestalt junger Männer konfrontiert:
In einem wüstenähnlichen Gebiet finde ich mich angehalten von jungen Männern. Sie umringen mich. Einer von ihnen tritt vor und bewirft mich mit etwas Abscheulichem: zerschnittene Schlangen oder ähnliches. Er grinst dabei sadistisch. Dann tritt der nächste vor, wendet sich halb ab, um mich dann noch mehr zu quälen. Es ist eine ausweglose Situation, weil auch meine Frau im Auto tatenlos zusieht, anstatt Hilfe zu holen. Ich denke, daß dies der Tod ist und beschließe, mich zu fügen (XIII).
Viele sind sehr erleichtert, wenn in ihren Träumen das Böse mit dem Gesicht anderer erscheint. Im Rückblick auf den vierten Traum ist der dreizehnte Traum leicht zu verstehen. In den sadistischen jungen Leuten erscheint das jugendliche Abbild des Träumers, der ebenso mit den Schlangen umgegangen ist wie die jungen Männer dieses Trau-

mes. Natürlich ist das Erleben schrecklich. Dem Täter wird sein Opfer zugeworfen und er gerät in Angst, daß es ihm selbst genauso ergehen könnte. Die zerschnittene Schlange wird hier ein Symbol seines Todes. Wenn er sich von seiner Natur abschneidet, dann wird diese sich in Gestalt der jungen Peiniger rächen und schließlich wird es ihm so gehen, wie es der Schlange im Traum bei ihm gegangen war.

Das volkstümliche Sprichwort aus der Bibel sagt: «Was du nicht willst, daß man dir tu', das füg' auch keinem andern zu.» Es verwundert nicht, daß die Frau des Träumers ruhig bei der Szene zuschaut. Denn sie symbolisiert seine weiblichen Seiten, von denen er sich gleichfalls teilweise abgeschnitten hatte. Der Träumer war vor diesen Träumen in einer elementaren Gefahr gewesen. Als kultivierter Mitteleuropäer hatte er alle grausamen, archaischen und von ihm als primitiv empfundenen Formen des männlichen Lebens abgelehnt und bei sich selbst nicht sehen wollen. Nun begegnet ihm die gleiche Szene, die König David erlebt hat (2 Sam. 12), als er sich über den ungerechten Reichen aufregt und der Prophet Nathan ihm sagt: «Du bist dieser Mann!»

Äußerlich gesehen war er kultiviert, angepaßt und wohlerzogen. Wohl merkten andere auch die dunklen Seiten an ihm, aber er selbst, er merkte sie nicht. Die Botschaft des Traumes lautet: Du bist der Mann, der zu Tierquälerei fähig ist, der sadistische Spiele treibt und andere erschreckt. Nach diesem Traum war - wie die Umgangssprache sagt - der Lack ab. Er wußte nun, wozu er in der Lage war, aber auch, was ihm bevorstünde, wenn er seine einseitige und falsche Haltung nicht ändern würde. Der Traum ist durchaus die Drohgebärde der Natur mit einer schweren Krankheit; als er beschließt, zum Tod bereit zu sein, bedeutet das aber die grundlegende Umkehr.

Wie die Schlange sowohl Leben als auch Tod bedeuten kann, so kann der Tod beides bedeuten. Bereitschaft zu sterben heißt nicht selten, liebgewordene Standpunkte aufzugeben und so neu zu werden. Der Träumer hatte hier Einsicht, daß ein weiterer Widerstand sinnlos sei - und wird so paradoxerweise gerettet. Dieser Schluß läßt auch die Teilnahmslosigkeit der Frau in einem anderen Licht erscheinen. Normalerweise müßte sie sich in einer solchen Situation ja auch fürchten oder aber gefühllos sein. Da letzteres nach Aussagen des Träumers nicht zutrifft, läßt sich vermuten, daß dieser Traum, nachdem das Ich seinen richtigen Platz gefunden hat, eine Art Einführung in ein tieferes Verständnis darstellt. Die einsame Gegend des Anfangs spricht dafür. Früher mußten sich die jungen Leute langen Einweihungsriten unterziehen, die sie unter anderem in die Wüste oder Einöde führten, wo sie für ihr Leben wichtige Erlebnisse hatten.

Zur Schlange in Verbindung mit dem Tod gehört auch der folgende Traum:

Ich befinde mich in einem Pilgerzug. Auch ein katholischer Pfarrer ist da. Die Plätze vor mir nehmen Unbekannte ein. Ich beobachte einen Mann bei seiner Arbeit im Fluß. Er ist mit anderen beim Goldwaschen. Er steht bis zu den Knien in Wasser und Kies. Typisch – denke ich – diese südamerikanische Ausbeutung. Nun sehe ich, wie der Mann von einer Schlange gebissen wird. Statt in Panik zu verfallen, hält er ruhig und bestimmt sein Bild vor die Brust, bevor er stirbt und im Kies versinkt. Der Vorarbeiter sieht dabei ruhig zu... (XIV).

Zur bewußten Erfahrungswelt des Träumenden gehört eine gewisse Information über die Ausbeutung der armen Massen in südamerikanischen Ländern. Goldsuchergeschichten kennt er aus der Lektüre. In dieser kleinen dramatischen Szene ist die Schlange der Anlaß zum Tod. Auffällig ist die Sterbensweise. Weder der Betroffene selbst noch der Vorarbeiter sind darüber aufgeregt. Da der Träumer kein Katholik ist, läßt der Pilgerzug darauf schließen, daß er etwas Ungewöhnliches gezeigt bekommen soll. Dieses besteht in der Verbindung von goldführendem Fluß, Schlange und der Haltung des Sterbenden.

In den Träumen ist die Suche nach Gold häufig eine Suche nach dem höchsten Wert der Persönlichkeit, nämlich nach dem Sinn des eigenen Lebens. Das Gleichnis vom Schatz im Acker und der kostbaren Perle meint das gleiche. Die Art des Sterbens des Arbeiters läßt auf eine Art Lehrtraum schließen, der bedeutet: Wer seine eigene Identität oder sich selbst gefunden hat – das ist mit dem Bild gemeint –, der kann den Todesbiß der Schlange ruhig akzeptieren. Wichtig ist einzig und allein, wenn es um Tod und Sterben geht, sich gefunden zu haben und im Sterben sich selbst nicht zu verlieren. «Beispielhaft» sagt die deutsche Sprache, der Traum ist beispielgebend oder der Sterbende beispielhaft. Unser Tod ist unausweichlich, aber die Freiheit des Menschen besteht zu einem kleinen Teil darin, wie er stirbt. Wir stoßen hier auf eine kleine Geschichte der Weisheit, die durch das Unbewußte – in diesem Fall durch die Schlange – vermittelt wird.

Gelegentlich wird die Schlange zum Symbol für Situationen, wie der folgende Traum zeigt:

Ich komme durch die nördliche Inselgruppe zurück in die Eisgebiete Kanadas. Das Durchkommen wird hier mit dem Auto etwas schwieriger. Plötzlich befinde ich mich in einem Zimmer und habe um das rechte Bein einen Kranz riemendicker Schlangen. Eine wird schon warm. Ich erschrecke heftig und bitte meine Frau, das Fenster zu öffnen. Hier kann ich die Schlangen zu meiner Erleichterung abstreifen (XV).

Dazu erzählt der Träumer folgende Vorgeschichte: Er hatte am Vorabend an einer Versammlung teilgenommen, bei der er nach kurzer Zeit meinte, keine Luft mehr zu bekommen. Irgendwie schien ihm die Atmosphäre mit Ärger geladen, der nicht ausgesprochen wurde. Statt des Ärgers, der sich nur in gelegentlichen Spitzen zeigte, wurde aber in schleimiger Weise um das Problem herumgeredet. Herr A. hatte in kurzer Zeit den Eindruck, daß sein Bewußtsein langsam mit irgendeinem Gift eingeschläfert werden sollte. Verwirrt war er nach Hause gegangen und sich über seine Gefühle vor dem Einschlafen nicht klar geworden. In dieser Lage bestätigt ihm nun das Unbewußte seinen Eindruck und unterstreicht die Gefahr.

Das Eisige als Symbol für unterdrückte und verdrängte Gefühle ist uns bereits begegnet. Im Traum ist der Betroffene im nördlichsten Norden Kanadas. Alles vereist. Das Fortkommen mit dem Auto ist dort schwierig. Gleichzeitig ist er aber auch in einem Raum und findet sein rechtes Bein, das hier den bewußten Standpunkt abbildet, in einem Gewirr von Schlangen. Erst als das Fenster geöffnet ist, kann er die Schlangen loswerden. Dies geschah in dem Augenblick, in dem er frische Luft in die vom Mief der Versammlung durchsetzte Erinnerung lassen konnte. Das schleimige Gerede einiger Teilnehmer entpuppte sich dann schnell als giftige Kriecherei.

Ging es zuvor um einen Kommentar zu einem Ereignis in der Außenwelt, so geht es im folgenden um die Bewältigung von gefährlichen Zuständen im Inneren des Träumers:

Eine Stimme sagt zum Träumer: «Jetzt will ich dir zeigen, wie du ohne Gefahr durch den Schlangengarten hindurch kommst.» Vor seinen Augen breitet sich ein Garten mit vielen bunten Blumen und Früchten aus. Er ist von einer Mauer umgeben, die von einem Tor durchbrochen wird. Der Weg führt unausweichlich durch den Garten. Vor den staunenden Augen des Träumers erscheint ein Elefant mit einer Flöte und spielt eine schöne Melodie. Da erheben sich alle Giftschlangen, der Garten ist voll von ihnen, und lauschen. So ist der Weg frei (XVI).

Die Einfälle zu diesem Traum führten zu einer Szene aus dem Dschungelbuch Rudyard Kiplings, wo der kleine Mogli in einem alten Gemäuer bei den Giftschlangen gefangen ist und durch Begrüßungsworte ihren Zorn besänftigen kann. Die Motive des Traums sind uralt: Sie handeln vom

gefährlichen Garten, in den einer eindringen muß, um die gesuchte Kostbarkeit zu erlangen. Meist erscheinen eine oder mehrere helfende Gestalten. Etwa beim Märchen vom «Goldenen Vogel» aus der Sammlung der Brüder Grimm der Fuchs. Diese Helfergestalten sind sehr verschieden.
Die Vorstellung, daß Drachen und Schlangen auf Musik reagieren, ist uralt, obwohl sie über kein dem menschlichen Gehör ähnliches Organ verfügen. Trotzdem gibt es in tropischen Ländern überall Schlangenbeschwörer, die mit ihrer Flöte die Schlange aus dem Korb locken.
Aus Griechenland stammt die alte Geschichte, in der ein Hirtenjunge namens Kadmos einen Drachen mit seiner Flöte entmachtet. Für den Träumer war es ein Erlebnis zu erfahren, daß in der heiligen Sprache Indiens, dem Sanskrit, das Wort «naga» Schlange und Elefant bedeuten kann (Dictionnaire des Symboles IV, 183). Er erinnerte sich an die Geschichte in der Bibel, wo David dem von Schwermut geplagten König Saul auf der Harfe zur Linderung vorspielen muß» (1 Sam. 16). Zur Zeit dieses Traumes stand der Betroffene vor der Frage, wie er mit den ihm nun endgültig bewußt gewordenen Gefühlen umgehen solle, die sich zum Beispiel in sehr pessimistischer Weise über seine Zukunft und die Zukunft der Welt überhaupt äußerten und ihn sehr quälten.

In dieser Lage erfährt er im Traum Schlangenhaftes, negativ quälende Gefühle als Bilder von Giftschlangen, und den Elefanten mit seinem Schlangenrüssel als einen Wissenden um die Schlangennatur und das Zaubermittel, sie in Schach zu halten. Der Elefant ist hier ein Tier der Weisheit und in der Sprache der Tiefenpsychologie ein Seelenführer, der dem Träumer tieferes Wissen um die Natur und ihre Gefahren vermittelt, aber auch einen Weg zeigt, mit diesen Gefahren umzugehen. Der Träumer muß sich auf seinem Weg der deprimierenden Gefühle bewußt werden, aber er erhält in der Flötenmusik eine Hilfe, wie er mit diesen Gefühlen leben kann, ohne in die frühere Verdrängung zurückzufallen.
Der Elefant als ein die Welt tragendes Tier in alten Mythen wie auch die Schlange stellen hier die zugewandte Schlangenseite dar, die auch in der offenbarenden Stimme zu Anfang des Traumes ertönt.

Die Schlange als Seelentier

Nach einiger Zeit kehrte das Schlangenmotiv bei dem Träumer A wieder:
Ich beobachte, wie ein silbrig glänzender Wurm das Maul meines Hundes verläßt. Der Wurm hat vier Füße. Ich denke erschreckt: Das ist ein Bandwurm! Dann wird mir klar: Es ist seine Seele (XVII).
In alemannischen Erzählungen wird berichtet, daß eine Frau schwanger wurde, weil ihr eine Schlange in den Mund gekrochen ist, oder daß eine Schlange während der Schwangerschaft in den Leib der Schwangeren kroch und zum Gefährten des Neugeborenen wurde und dann später zu großen Schätzen führte. Von einem Merowinger König wird erzählt, ihm sei während des Schlafs eine Schlange aus dem Mund gekrochen und in einem Berg verschwunden. Aufgewacht erzählte er, im Traum in einer Höhle voller Schätze gewesen zu sein. Die Spur der Schlange verfolgend, wurden diese Schätze dann auch tatsächlich gefunden. In allen diesen Geschichten ist die Schlange ein Seelentier. Das heißt, sie ist nicht Symbol der Gefahr, nicht Symbol der Heilung, sie

ist einfach Symbol der Seele selbst, der psychischen Kraft in diesem Menschen oder Lebenwesen.
Zur Zeit des Traumes beschäftigte den Träumer intensiv die Frage, inwieweit Tiere und besonders sein Hund eine dem Menschen ähnliche seelische Organisation haben. Die Antwort seiner Seele im Traum lautet, da ihm unter anderem die Geschichte des Königs aus Frankreich mit der Schlange als Seelentier bekannt war: Letztlich die gleiche. Dabei geht das Unbewußte des Träumers so weit, der Seelenschlange die vier Gliedmaßen zurückzugeben, die sie längst abgelegt und verloren hatte und die in Urzeiten ein Vorfahre noch getragen hatte. In Sachen Träume ist dieses Symbol deshalb von Wichtigkeit, weil mit der Fremdheit der Schlange das Fehlen der Gliedmaßen unmittelbar verbunden ist.

Die Schlange als gegensatzverbindendes Symbol

C.G. Jungs Beitrag zur Ich-Psychologie besteht unter anderem in der Erforschung der Bewußtseinsfunktionen, nämlich der Empfindungs- bzw. Wahrnehmungsfunktion, der Gefühls-, der Intuitions- und der Denkfunktion. Der Träumer des folgenden Traumes war ein belesener Mann. Im Verlauf seiner Analyse machte ihm das Unbewußte sehr nachdrücklich klar, was es von seiner einseitigen Konzentration auf das Denken hielt. Eines Tages erlebte er im Traum folgendes:

Mein Sohn wirft eines meiner Bücher aus dem Fenster. Unten sehe ich eine große braungemusterte Schlange. Ich schicke ihn hinunter, das Buch zu holen, er solle sich aber in acht nehmen vor der Schlange, das könne eine Netzpython sein. Dann werde ich selbst unruhig – wie unvorsichtig, das Kind hinunterzuschicken – und gehe selbst. Ich finde den Sohn, aber das Buch ist weg. Die Schlange hat es gestohlen (XVIII).

Zum Verständnis dieses Traums ist ein Einblick in das Spiel der seelischen Kräfte wichtig. Kinder orientieren sich in ihren Funktionen häufig an den freigelassenen Stellen im psychischen Haushalt. Im vorliegenden Fall hatte sich der Sohn als der Jüngste der Familie lange Zeit sehr deutlich auf die Fühlfunktion spezialisiert, was der Spezialisierung des Vaters auf Denken entgegengesetzt war. Dieser Sohn wird nun im Traum zum dynamisch die Entwicklung vorwärtstreibenden Element, das unbewußt in Verbindung mit der Schlange als Entwicklungskraft steht. Für den Vater war es lange überfällig, sein Buchwissen und Denken durch Gefühl, Beobachtung und Intuition zu ergänzen. Für diesen Traum dürfen wir annehmen, daß er dabei war, von seinem Sohn zu lernen. Dieser spielt absichtslos mit dem Buch das Spiel vom Hinunterwerfen. Hinunterwerfen und schauen, was dann geschieht, ist eines der frühesten Spiele des Menschen. Noch Erwachsene werfen gern von Brücken, Türmen und Felsen Dinge in die Tiefe. In diesem Traum wird ein Buch als Symbol des Denkens buchstäblich zum Fenster hinausgeworfen und damit unwirksam gemacht wie das zum Fenster hinausgeworfene Geld. Unten findet sich auch schon der wartende Komplize in Gestalt des Netzpythons, fängt in seinem Netz das Buch auf und trägt es davon.

Neben der typologischen Komponente haben wir hier die diebische Seite der Schlange vor uns, die ganz besonders mit der Entwicklung des Menschen verbunden ist. Der sumerische Held Gilgamesch sucht und findet das Kraut der Unsterblichkeit. Eine Schlange stiehlt es ihm wieder. Adam und Eva im Paradiesgarten werden durch die Schlange zum Diebstahl veranlaßt. In diesem Zusammenhang ist ein Wort von C. G. Jung bedeutsam: «Der richtige Weg zur Ganzheit besteht – leider – aus schicksalsmäßigen Um- und Irrwegen. Es ist eine 'longissima via', nicht eine gerade, sondern eine gegensatzverbindende Schlangenlinie, an den wegweisenden caduceus (Stab des Merkur) erinnernd, ein Pfad, dessen labyrinthische Verschlungenheit des Schreckens nicht entbehrt. Auf diesem Wege kommen jene Erfahrungen zustande, die man als 'schwer zugänglich' zu bezeichnen beliebt» (Grundwerk 5, S. 12).

In diesem Traum trägt die Schlange das Symbol des Denkens davon und läßt das Symbol des werdenden Lebens und der Erneuerung, den Sohn, völlig ungeschoren. Für die Familiendynamik selbst ist der Traum auch ein Fingerzeig, sich mehr mit dem Sohn als mit den Büchern zu beschäftigen. Auch in dieser Sicht verkörpert die Schlange ein heilsames Symbol.

Geraume Zeit später sitzt dann die Schlange mit am Tisch und hat ihren sicheren Platz:

Ich bemerke, daß jetzt in meine Wohnung eine Schlange eingezogen ist. Sie fühlt sich wohl bei mir, aber meine Mitbewohner haben etwas Angst. Sie erschreckt auch eigentlich niemanden. Sie hat eine kleine Schlange gefressen. Ihre Schuppen haben vier Farben: gelb, blau, grün und rot. Sie ist mit uns so vertraut, daß sie sogar einen Stuhl am Eßtisch hat und dort sehr manierlich mit uns mitißt (XIX).

Der Unterschied zum achtzehnten Traum ist unverkennbar. Dort ist die Schlange ein Dieb außerhalb des bewußten Raumes, der durch den Wohnraum abgebildet ist. Hier ist sie ins Bewußtsein eingezogen; ihre vier Farben stellen die Ganzheit der Funktionen dar. Diese sind als berechtigte seelische Kräfte anerkannt und werden so ernährt wie alle anderen psychischen Funktionen, die da noch am Tisch versammelt sind. Gelb steht für die Intuition, Blau für das Denken, Grün für die Wahrnehmungs- und Rot für die Fühlfunktion. Der Träumer war wie fast alle seine Zeitgenossen in der Schule dazu erzogen worden, ein überwertiges Denken zu pflegen und hatte nun nach langer Arbeit an sich selbst die anderen Möglichkeiten miteinbeziehen können. Dabei ist unter Einbeziehen nicht etwa «in den Griff bekommen» zu verstehen, denn die Ganzheit der Funktionen bleibt so autonom wie die Schlange. Sie sitzt als gleichberechtigtes Mitglied am Familientisch und nicht als gezähmtes Reptil mit gezogenen Zähnen.

Die Schlange als Hoheitszeichen

Hans Egli bezeichnet die Giftschlange in seinem schönen Buch über das Schlangensymbol als Zeichen der Macht (S. 31). Wie der Träumer C im Bild darstellte, erschien auch dem Träumer A, als er sich mit Schwierigkeiten einer Verwandten auseinandersetzte, wiederum im Traum das Bild einer Gestalt mit einer Schlange auf der Stirn:

Meine Verwandte kommt mit ihrer Freundin ziemlich gedrückt an. Sie sind auf ihrem Weg einer Gestalt begegnet, bei der sie nicht entscheiden konnten, ob sie Mann oder Frau sei. Lächerlich fand sie, daß diese Gestalt sich mit einem Schlangenzeichen auf der Stirn geschmückt hatte. Als sie gerade ihre Bemerkungen dazu machen wollte, da habe sie gesehen, daß die aus dem Maul der Schlange heraushängende gespaltene Zunge zu züngeln anfing. Da sei sie dann doch lieber weitergegangen (XX).

Die ägyptischen Pharaonen trugen die Uräusschlange als Zeichen der Macht des Königs auf der Stirn. Es liegt nahe, einen Zusammenhang zwischen diesem Hoheitszeichen und der geschilderten Begegnung anzunehmen. Jedenfalls erfährt die Verwandte des Träumers, daß ihr Spott eine Grenze hat. Auch sie war – laut Schilderung – eine Frau, die ganz gebannt war vom Absolutheitsanspruch wissenschaftlichen Denkens. Sie bezahlte damit, daß sie im emotionalen Bereich häufig in Schwierigkeiten geriet und insbesondere für gefährliche Entwicklungen seltsam blind war. Der Träumer erfuhr durch diesen Traum auch einen wahrscheinlichen Grund dieser Blindheit: Die seltsame Gestalt, in der Männliches und Weibliches verschmolzen ist, erinnert an den seelischen Zustand des Kindes, in dem das Kind Vater und Mutter noch nicht psychisch unterscheiden kann. Alles ist noch mit dem mächtigen Elternbild des Anfangs verschmolzen. Der erwachsene Mensch, der in sich noch die Sehnsucht danach verspürt, von einer solchen Gestalt beschützt zu werden, weil er selbst in seiner frühesten Kindheit zu viel Unsicherheit erlebte, wehrt die damit verbundenen uferlosen Gefühle gern durch Spott ab. Der Träumer erlebte hier bei seiner Verwandten die Tiefe ihrer Verletzung, aber auch ein gewisses Maß an Einsicht in die Gefahr, mit einer so mächtigen psychischen Kraft kindlich-naiv umzugehen. Der Traum enthüllt in einer sehr deutlichen Weise die Naivität, mit der hochdifferenziertes Denken gelegentlich mit psychischen Erfahrungen umzugehen pflegt.

Die Schlange im Individuationsprozeß

C. G. Jung war der tiefenpsychologische Pionier in der Erforschung des Lebensprozesses, was die Abläufe eines sinnvollen Werdens und Vergehens der Lebensalter angeht. Besonders die Beobachtung, wie die menschliche Psyche lebenslang daran arbeitet, daß ein Mensch zu einer möglichst großen Entfaltung seiner Persönlichkeit findet, hat ihn beschäftigt. Er erkannte in der notwendigen Entfaltung einen wesentlichen Faktor seelischer Gesundheit. Seine Beobachtung, daß seelische und körperliche Krankheit häufig gestaute oder verhinderte Entwicklungen der Betroffenen zur Grundlage haben, hat den Krankheitsbegriff wesentlich verändert. In den Symptomen seelischer Krankheit selbst finden sich die Bausteine der künftigen Entwicklung zur Ganzheit, die Jung Individuation nannte. Gemeint ist damit eine individuelle und körperliche Entfaltung des einzelnen im privaten und sozialen Rahmen.
Die im Kreis zusammengerollte Schlange bildet das Anfangsstadium ab, in dem die psychische Energie ungeweckt in immer den gleichen Abläufen einen Mittelpunkt umkreist. Dies ist der Zu-

stand der seelischen Energie im Bereich der kreisförmigen Abläufe der Natur. Richtet sich die Schlange auf, dann verbindet sich die kreisförmige, zyklische Entwicklung mit der linearen, und es entsteht die für den Lebensverlauf typische Spiralform, die in immer neuen Umkreisungen der Mitte neue Stufen erreicht. Diese Entwicklung setzt ein Sich-Einlassen auf die inneren, in der Schlange abgebildeten grundlegenden Gesetze des Lebendigen voraus.
Körperliche und seelische Gesundheit sind die Folge. Bildlich gesprochen: Die Schlange lohnt es dem Träumer. Sie wird aggressiv, wenn er ihr die notwendige Pflege versagt. Konkret: wenn der Rhythmus zwischen Arbeit und Ruhe, Bewußt und Unbewußt, Schlafen und Wachen, Essen und Ausscheiden, Einatmen und Ausatmen, Stärke und Schwäche - auch im sexuellen Bereich - nicht eingehalten wird.
Individuation kann auch beschrieben werden als Erweckungs- und Schöpfungsvorgang einer tieferen Menschlichkeit, wozu William Blake intuitiv ein Bild gemalt hat, das Menschsein und Schlangenkraft intensiv verbindet. Blake hat in diesem Bild mehr oder weniger bewußt dargestellt, wie sehr Individuation eine Einsicht in den Zusammenhang des menschlichen Lebens mit der umgebenden Natur, mit belebter und unbelebter Mate-

Gott erschafft Adam,
Aquarell von William Blake (1757–1827),
Tate Gallery London

rie ist. Die Schlange ist hier die Brücke zwischen Mensch und Umwelt. Der Träumer A erlebt diesen Vorgang in einem Ineinander von Schrecken und Erleichterung, die der Natur des Lebens angemessen ist:

Ich komme an ein Feuer mit archaisch aussehenden Menschen. Ich sehe, daß dort eine kleine Schlange liegt, und sage: Ich mag keine Schlangegen. Aber ich bedaure sie von Herzen, weil sie gegessen werden soll. Darauf bekomme ich eine lebendige Schlange an einem Stab geschenkt. Im

Weggehen überlege ich mir, wie ich sie versorgen und meine Scheu überwinden kann (XXI).

Der Weg des Träumers durch unbekanntes, wildes Gelände ist ein Hinweis auf den Prozeß der Individuation. Zum besseren Verständnis ist es wichtig zu wissen, daß sich in allen Religionen Hinweise auf den Weg – als Weg zur Erleuchtung – finden lassen. Im Christentum beispielsweise sagt der Erlöser, der sich selbst mit der Schlange vergleicht (Joh 3,14), von sich, daß er der Weg sei (Joh 14,6).

Die erste Stufe des Individuationsprozesses ist die Begegnung des Menschen unserer Zivilisation mit seinen archaischen Wurzeln, im Traumbeispiel in Gestalt der archaischen Jäger, die um ein Feuer lagern. Für die Entwicklung des Träumers ist es wichtig, daß über die Gefühle der Scheu vor der Schlange, die mit seinem bewußten Erleben übereinstimmen, bereits eine Annäherung von Tagesbewußtsein und Bewußtsein des Traum-Ichs stattgefunden hat. Sein Satz, keine Schlangen zu mögen, ist doppelt zu verstehen: 1. Er hat eine Abneigung gegen Schlangen. 2. Er mag auch keine Schlangen essen.

Zu seinen Assoziationen gehört das Wissen, daß archaische Völker, aber auch moderne, die Schlange als Nahrung durchaus gelten lassen. Erinnern wir uns aber auch dabei, daß es bei allen Völkern immer Tiere gegeben hat, die als heilige

Tiere nur zu besonderen Zeiten oder gar nicht gegessen werden durften. Das Essen des Tierfleisches war ein heiliger Akt der Verbindung bzw. der Kommunion mit der Gottheit, wie das noch heute in den Einsetzungsworten zum christlichen Abendmahl angedeutet wird. Der springende Punkt des Traumes ist die Feststellung des Träumers, daß er die Schlange von Herzen bedauert wegen ihres offensichtlichen Schicksals, gegessen zu werden. Hier wird der Weg sichtbar, der seit dem vierten Traum (in Moskau) zurückgelegt wurde. Einfühlung und Mitgefühl, Erbarmen mit der Schlange zeigen die Veränderung an.
Ausgerechnet er – hier wird der häufig zu beobachtende Humor des Unbewußten sichtbar – erhält nun als Belohnung seiner Arbeit an sich eine Schlange, die sich an einem Stab emporringelt. Das Bild erinnert an Abbildung 1 mit Äskulap und seiner Schlange. Aber mit solchen hehren Ideen kann sich der Träumer nicht abgeben, denn er steht jetzt vor der Aufgabe, wie sich ein geregeltes Zusammenleben mit seiner Schlange gestalten kann. Dieses wiederum wird am Szenenbild selbst deutlich: Seine inneren, archaischen und vormenschlichen Anteile sind um ein warmes Feuer gelagert. Sie brauchen einerseits einen ruhigen Platz für die Nacht und dürfen nicht eingesperrt werden in irgendwelche Reservate, andererseits la-

den sie dann das Ich ein, mit ihnen in der Dunkelheit und Nacht Gemeinschaft zu haben an einem Platz, an dem es sich selbst auch wärmen kann.
Das Traumbild erlaubt aber noch einen weiteren Ausblick: Das Feuer ist ein uraltes Bild für die Kraft des Lebendigen. Dies muß aus der Erfahrung gewonnen sein, daß tote Körper kalt sind. Feuer und Schlange - verbunden als Feuerschlange - kommen in Träumen vor. Feuerspeiende Drachen gehören in den gleichen Zusammenhang.
In diesem Traum wird die Kraft des Lebens zunächst sichtbar im Bild eines zentralen Feuers, um das sich die psychischen Kräfte - angefangen von der Schlange bis hin zum Bewußtsein - versammeln. Der Träumer erlebt eine Art Einweihung in ein Leben, das sich an der Mitte alles Lebendigen orientiert. Als Bild ist ein Stamm von archaischen Schlangenjägern verwendet, die offensichtlich mit der Schlange leben und umgehen können. Sie sind für ihn ein Beispiel, daß auch er von der Lebenskraft der Schlange lebt, aber daß er sie noch nicht so mag. Seine Lebensgeschichte zeigte an dieser Stelle eine Zwiespältigkeit in seinem Lebensgefühl, die sich darin äußerte, daß er bis dahin vom Leben eher das Negative und Schmerzliche erwartete als das Positive und Beglückende. Seine Überlegung, sich langsam der Schlange zu nähern und sich mit ihr vertraut zu machen, ist

Station eines allmählichen Abklingens dieses Mißtrauens gegenüber dem Leben.
Der nächste Traum dieser Traumserie und der zweiundzwanzigste dieses Buches zeigt den Träumer in einem achtungsvollen Gespräch mit einem Python. Er wundert sich im Traum überhaupt nicht darüber, daß er mit der Riesenschlange sprechen kann. Sie trennen sich gütlich (XXII). Dieser – hier nicht im einzelnen zitierte – Traum zeigt, daß das bewußte Ich des Träumers unterdessen seine eigenen instinktiven Kräfte, die sich in dieser Schlange abbilden, als Gesprächspartner zu akzeptieren gelernt hat.
Vorbereitet wurde dieser Traum durch die Vision eines grüngoldenen Mandalas mit Verschlingungen wie bei molekularen Verbindungen. Unter Mandalas versteht die analytische Psychologie – angeregt durch C. G. Jung, in Anlehnung an Meditationsbilder aus dem Fernen Osten – regelmäßig aufgebaute, gegenständliche oder abstrakte Bilder, in denen die Ganzheit einer Persönlichkeit in ihrem gegenwärtigen Zustand zum Ausdruck kommt.
Die weitere Forschung belegte das Vorhandensein solcher Bilder weltweit – auch in der abendländischen Kunst, zum Beispiel in den Rosetten der Kirchen, aber auch in der Buchmalerei. Sie sind religiös gesehen häufig Gottesbilder jenseits der

Aus Lindisfarne Gospels, um 700
(British Museum)

menschlichen Gestalt – und psychologisch gesehen, wenn sie im Traum auftauchen, von großer Faszination und numinoser Kraft. Sie üben auf das Bewußtsein eine beinahe unwiderstehliche Anziehung aus, da sie in sich das Dunkle und Helle einer Persönlichkeit zu seiner Ganzheit verbinden, zu der das Bewußtsein meist nicht in der Lage ist. Leider – oder verständlicherweise – war der Träumer nicht befähigt, sein Traumerlebnis im Bild festzuhalten. Eine Seite des berühmten Gebetbuchs von Lindisfarne aus Großbritannien kommt zwar nicht farblich, aber nach seiner Beschreibung von der Zeichnung her dem inneren Bild sehr nahe (siehe oben).
Dieses Bild war in einer Krise beruflicher Art aus dem Unbewußten aufgetaucht. Der Träumer sah sich in einer Lage, der er sich nicht entziehen konnte, in der er sich aber eingesperrt fühlte. Nach der Bearbeitung des Bildes gewann er die Hoffnung, daß seine Natur ihm helfen würde, mit der Lage zurechtzukommen, um sie dann in seinem Sinn zu verändern.
Der nächste Schritt auf diesem Weg erfolgte etwa ein Jahr später. Nach dem Stab, an dem eine Schlange lebt und die – wenn das Zeichen des Arztgottes Äskulap sich als wirksam erwies – Stärkung und Gesundheit auf seinem Weg bedeuten konnte, bekommt er nun sein Türschild:

Ich habe eine Filiale in Frankreich. Einer Frau kann ich bei einer Arbeit nicht Recht geben. Sie macht mir eine tolle Szene. Aber ich kann meinen Standpunkt behaupten und begründen.
Da kommt ein bleicher junger Mann und bringt mir eine von ihm erlegte Riesenschlange. Er konnte vorher nicht kommen. Aber nach dem Kampf geht es. Vor meinem Eingang breite ich sie aus. Sie muß sehr lang sein. Vielleicht 30 Meter. Ich beschließe, sie über meine Tür zu hängen (XXIII).
Nach Klaus Griehl (Schlangen verstehen, S. 12f.) wird eine Anakonda höchstens bis zu 10 Meter und der Netzpython in Ausnahmefällen über 10 Meter lang. Festzuhalten aber ist für das Wesen der durch Schlangen abgebildeten Kräfte, daß Schlangen immer wachsen im Gegensatz zu Wirbeltieren, deren Wachstum in der Regel mit der Geschlechtsreife aufhört. Wenn im vorliegenden Traum eine 30 Meter lange Schlange erscheint, dann stehen wir hier vor einer Entwicklung, die wie die Schlange nicht aufhört zu wachsen. Wir erreichen eine der wichtigsten Aufforderungen der Psyche im Bild der Schlange: Zwar hört unser Körperwachstum mit der Geschlechtsreife auf, aber unser psychisches Wachstum hat die Möglichkeit, wie die Schlange mit jedem neuen Lebensabschnitt weiter zu wachsen.

Da der Träumer zum Zeitpunkt des Traumes die 30 längst überschritten hatte, könnte sein Traum mit einer Entwicklung zusammenhängen, die damals vor dreißig Jahren begonnen hatte. Der biografische Rückblick ergab, daß er zu jenem Zeitpunkt erstmals seinen Vater erlebt hatte. Die erlegte Schlange könnte dementsprechend die erfolgreiche Bearbeitung eines Problems darstellen, das der Träumer mit dem bewußten Erleben des Vaters gestellt bekommen hatte. Das spricht dafür, den ersten Teil des Traumes als das zu bearbeitende Problem anzusehen. Hier gelingt es dem Träumer, einer Frau gegenüber seinen Standpunkt zu vertreten, zu kämpfen und auch zu siegen. Er konnte sich erinnern, seinen Vater Frauen gegenüber eher als kampfunfähig erlebt zu haben. So gesehen würde der Träumer hier den Kampf des griechischen Gottes Apoll nachvollzogen haben, der in seinem Heiligtum Delphi seine Herrschaft nach Besiegung einer alten Erdgottheit in Gestalt eines riesigen Pythons errichtet hatte. Der junge Mann im Traum wäre dann der nun dem Träumer bewußtgewordene Anteil seiner Männlichkeit, der mit einer riesigen Angst zu ringen hatte. Diese Angst in Gestalt der Schlange scheint gleichzeitig mit der Schwierigkeit verbunden zu sein, sich mit Frauen auseinanderzusetzen.
Parallel zur biografischen Deutung könnte auch

die symbolische treten. Die Schlange als Kraft fortwährenden Wachstums wird im Traum als Zeichen über der Tür aufgehängt, womit der Träumer sich selbst auch unter die Macht der Schlange stellt. Im symbolischen Vorgang wird damit ausgesagt, daß das Bewußtsein seine frühere Vorstellung, über der Natur zu stehen, aufgegeben hat und nun im Dienst der Natur zu stehen bereit ist, auf deren durch Häutung und Wachstum lebenserneuernde Kraft bereits hingewiesen wurde, die christlicherseits die Schlange zum Bild des Auferstandenen macht (Abbildungen aus C. G. Jung, Ges. Werke 5, S. 149 = Grundwerk 7, S. 118: Abb. 23.).

Pesttaler des Hieronymus Magdeburger,
Goldschmied zu Annaberg

Der letzte Traum gibt Gelegenheit, sich für die Deutung aller Träume bewußt zu machen, daß sie viele Seiten haben und beinahe so buntschillernd wie Schlangenschuppen sind. Deshalb ist eine einseitige Deutung gerade der Schlangenträume unangebracht. Der Träumer A erzählt:

Eine große dicke Schlange hat einen Mann, der ich selbst bin, zuerst in Penis und Hoden gebissen. Dann auch noch in Mund und Nase. Mich durchzuckt schrecklicher Schmerz. Ich meine die Schlange sagen zu hören: «Das zur Stärkung.» Ich habe eher den Eindruck, daß dies mein Tod ist, und wache auf (XXIV).

Um Mißverständnisse zu vermeiden, muß ergänzt werden, daß der Träumer aus dem Schlaf dieser Nacht erst am folgenden Morgen aufwachte. Aufwachen gehört noch zum Traum. Das Beherrschende dieses Traumes ist die Todesangst und der Schmerz des Träumers. Es ist richtig, sich diesen Gefühlen so lange zu überlassen, bis sie ihren richtigen Platz gefunden haben. Verursacht wurden sie durch den Biß der Schlange, der von dieser als Stärkung gedacht ist, vom Träumer angstvoll als Sterben erlebt wird – eine ungeheure Bedrohung, nach der er aber aufwacht. Das ist schon eine Beleidigung für einen Europäer, den Angehörigen einer Kultur, die sich einmal als der Fackelträger der Menschheit verstanden hat. Vom Gesichtspunkt der Schlange aus liegt das Bewußtsein mindestens dieses Vertreters seiner Kultur im Schlaf. Er braucht dringend eine Stärkung, und die erfolgt durch den Biß der Schlange.

Was damit gemeint ist, macht eine genaue Betrachtung der Bißstelle deutlich, die auf den Schrecken des Schlangenbißtraums folgen sollte. Die Schlange beginnt bei den männlichen Genitalien und fährt fort bei Mund und Nase. Da Stärkung ihr Ziel ist, dürfen wir annehmen, daß der Träumer im Bereich seines männlichen Verhaltens, im Umkreis von Essen, Aufnehmen und Sprechen sowie im Bereich der Atmung und des Geruchssinnes entsprechende Schwachstellen hat. Es ist auch anzunehmen, daß die genannten Körperteile symbolischen Charakter tragen, vorausgesetzt, daß nicht eine reale Organschwäche vorliegt.

Letzteres kann vor dem gegebenen Zeitraum und lange nach dem nächtlichen Schreckerlebnis ausgeschlossen werden. Bleibt also die symbolische Deutung, bei der nach dem psychischen Hintergrund der entsprechenden Organe gefragt werden muß. Hier hilft das Element des Aufwachens bzw. des Bewußtwerdens weiter. Psychische und körperliche Schmerzen haben die wichtige Aufgabe, auf Schwachstellen oder Punkte aufmerksam zu machen, an denen etwas nicht in Ordnung ist.

Im Prozeß seines Weges wird der Träumer nun besonders auf die notwendige Männlichkeit hingewiesen und erhält dazu sozusagen Schlangenserum. Es zeigte sich bei der Bearbeitung, daß auch das Motiv des Mundes sehr gut zu entschlüsseln war. Der Träumer scheute sich immer wieder, wichtige Dinge, von deren Notwendigkeit er überzeugt war, in der Öffentlichkeit auszusprechen. Auch hier lernte er mit der Zeit die gezielte Kraft, die im plötzlichen Stoßen des Schlangenkopfes abgebildet ist, einzusetzen. Die von ihm zurückgehaltenen Aggressionen, die dann in gewaltigen Kahlschlägen völlig unerwartet ausbrechen konnten, wurden nun mehr und mehr treffsicher an den richtigen Punkt plaziert. Bleibt die Nase. Von der Natur der Schlange her ist dieser Punkt auch nicht verwunderlich. Besitzt die Schlange doch einen vorzüglichen Geruchssinn - allerdings im Gegensatz zum Menschen in der Zunge. Der Geruchssinn als Wahrnehmungsfähigkeit des Unsichtbaren macht die Schlange auch zum Symbol der Intuition.

Die analytische Psychologie versteht unter Intuition jene Bewußtseinsfunktion, die in der Lage ist, über innere Bilder den Sachverhalt eines Vorgangs oder das Wesen einer Gestalt wahrzunehmen. Intuition und voraussehendes Wissen, präkognitive Gaben und manchmal prophetische Sicht gehören zusammen. Auch hier wird die Schlange zum sprechenden Bild: Das eine Ende der Spirale ist verbunden mit dem anderen Ende der Spirale. Das Schlangenende weiß, was am

Kopf vor sich geht. Nicht zufällig ist der oben erwähnte Gott Apoll in der altgriechischen Religion Gott prophetischer Gaben, die vom Python in der Tiefe aufsteigen zu Pythia, der Priesterin des Gottes. Und nicht von ungefähr erlebten die alten Griechen diesen Gott als den Vater des Arztgottes, denn die Schlange verkörpert das tiefere Wissen um die verborgenen Dinge, wenn sie so auftritt wie im vorgenannten Traum.
Dieser läßt uns noch eine andere Seite menschlichen Lebens sehr deutlich wahrnehmen. Der so von der Schlange Gestärkte ist in Todesangst und Schrecken. Nicht wenige tiefenpsychologische Autoren wissen davon zu berichten. Erst das Motiv von Stärkung und Aufwachen erlaubt, einen wichtigen Schritt zur Heilung und Ganzwerdung des Menschen zu sehen. Aber - und dies wird meist vergessen - der Traum drückt auch mit aller Deutlichkeit aus, daß Einsicht in die eigene Natur, der Weg zur Mitte, Bewußtseinserweiterung und Selbsterkenntnis - oder wie der innere Fortschritt auch immer genannt werden mag - immer verbunden sind mit Schmerz. Ein letztes Mal zurück zur sich häutenden Schlangennatur: Wenn der Mensch alte Häute, das heißt alte Zustände, abstreift, geht es eben nicht ohne die alte Erfahrung der Natur, daß zum Neuwerden das Sterben unabdingbar dazugehört.

Fassen wir zusammen: Schlangenträume zählen zur Gattung der Tierträume. Tiersymbole, die in unseren Träumen erscheinen, beinhalten häufig die Aufforderung, sich mit den durch sie abgebildeten instinktiven Grundlagen des Lebens vertraut zu machen. Die Schlange repräsentiert unter diesem Aspekt die wichtigsten Grundlagen des Lebendigen, die beim Menschen in Kleinhirn und Rückenmark konzentriert sind. Die häufig erlebte Angst, wenn Schlangen in nächtlichen Bildern erscheinen, ist nur *ein* Gesichtspunkt dieser Kräfte. Es gilt aber die Faustregel für den Träumer bei Erscheinen der Schlange, daß er zu den Grundlagen des Lebendigen in seiner Selbsterforschung vordringen kann – oder sogar muß. Die Herstellung einer Beziehung zu den instinktiven Kräften ist sonst in der Gefahr, abgeschnitten oder zumindest gestört zu werden.
Daneben kann die Schlange die Fülle aller Gegensätzlichkeiten des Lebens durch ihre Gestalt und ihre Äußerungen darstellen. In ihr werden die Gegensätze anschaulich und lebendig. Sie repräsentiert Heilung und Tod – und manchmal Heilung durch den Tod einer alten Lebensform. Sie ist auch eine intensive Warnung vor falschem, dem Körper und der Seele entfremdeten bewußtem Leben. Durch ihre lange Geschichte mit dem Menschen kann sie manchem Träumer eine Begeg-

nung mit seiner eigenen Bestimmung sein. Dann ist sie ein Selbstsymbol bzw. taucht häufig in Selbstsymbolen auf. Der europäische Mensch hat vergessen, daß sich seine Vorfahren mit bestimmten Tieren besonders verbunden wußten. Die Schlange ist eines davon. Die unbewußte Seite unserer Psyche versucht das Bewußtsein durch dieses Bild wieder mit jenen Kräften zu verbinden. Die Träumer, deren Träume und Bilder ich hier freundlicherweise verwenden durfte, haben dies erfahren.

Keltische Stilelemente im Book of Durrow/Irland
7. Jahrhundert

Regeln für den Umgang mit Schlangenträumen

1. Mit Schlangenträumen ist so wenig zu spaßen wie mit Schlangen.

2. Die Schlange erfordert eine möglichst genaue Kenntnis ihrer Natur.

3. Die Schlange hat in den Träumen keine festgelegte Bedeutung, daher fragen Sie sich: Was bedeutet *mir* die Schlange?

4. Schlangenträume erfordern eine genaue Beobachtung des körperlichen wie des psychischen Zustandes des Träumers.

5. Beachten Sie genau, welche Eigenschaften die Schlange im Traum hat.

6. Schauen Sie der Angst so weit ins Auge, daß Sie eine mögliche Gefahr erkennen. Aber lassen Sie sich nicht von der Angst auffressen, sondern lernen sie von der Kaltblütigkeit der Schlange.

7. Fragen Sie sich, was Ihnen so selbstverständ-

lich ist, daß Sie – nicht nur bei Schlangenträumen – nicht mehr genau hinschauen.

8. Die Schlange bringt oft unangenehme Wahrheiten. Stellen Sie sich diesen.

9. Gehen Sie nach Möglichkeit genau mit einzelnen Träumen um, aber bedenken Sie, daß Schlangen in Träumen sehr lang sein können, berücksichtigen Sie also alle Schlangenträume, soweit sie Ihnen zugänglich sind.

10. Wenden Sie sich erst jetzt der allgemeinen Symbolik der Schlange zu. Bedenken Sie die Antworten anderer.

11. Stellen Sie sich die Frage: Was kann ich von meiner Schlange oder von meinen Schlangen lernen?

12. Seien Sie bereit, sich zu ändern, aber gehen Sie dabei so sorgfältig vor wie eine Schlange bei der Häutung.

13. Schlangenträume bringen das Gesetz von Werden und Vergehen nahe. Lassen Sie sich darauf ein.

Literatur

Chevalier, Jean / Gheerbrant, Alain: Dictionnaire des Symboles. Seghers, Paris 1974

Diederichs, Ulf / Hinze, Christa (Hrsg.): Alemannische Sagen. Diederichs, Köln 1984

Egli, Hans: Das Schlangensymbol. Geschichte - Märchen - Mythos. Walter, Olten/Freiburg 1982, ²1985

Fischle, Willy H.: Das Geheimnis der Schlange. Bonz, Stuttgart 1983

Franz, Marie-Louise von: Zahl und Zeit. Suhrkamp-Tb 602, Frankfurt 1980

– Die Erlösung des Weiblichen im Manne. Insel, Frankfurt 1980

Freud, Sigmund: Die Traumdeutung, Studienausgabe, Bd. II. Fischer-Tb 3980, Frankfurt 1982

Gottschalk, Herbert: Reich der Träume. Bertelsmann, Gütersloh

Griehl, Klaus: Schlangen. Gräfe und Unzer, München o. J. (Bild S. 17 hier S. 23)

Harding, Esther: Das Geheimnis der Seele. Rhein, Zürich

Heinz-Mohr, Gerd: Lexikon der Symbole. Diederichs, Köln 1981

Kast, Verena: Traumbild Wüste. Von Grenzerfahrungen unseres Lebens, Walter, Olten/Freiburg 1986

Jung, Carl Gustav: Der Mensch und seine Symbole. Walter, Olten/Freiburg 1968, Sonderausgabe 1985

– Gesammelte Werke. Walter, Olten/Freiburg 1971 ff., Band 5, 8, 9/I, 9/II, 11, 12, 13, 15, 16, 17, 18/I, 18/II

Grundwerk C. G. Jung, Band 1–9. Walter, Olten/Freiburg 1984/85

Jung, Emma / Franz, Marie-Louise von: Die Graalslegende in psychologischer Sicht. Walter, Olten/Freiburg 1980

Künzig, Johannes: Schwarzwaldsagen. Diederichs, Köln 1976

Meier, C. A.: Bewußtsein. Walter, Olten/Freiburg 1975

– Persönlichkeit. Walter, Olten/Freiburg 1977

– Die Bedeutung des Traumes. Walter, Olten/Freiburg 1972

– Die Empirie des Unbewußten. Walter, Olten/Freiburg 1968

Neumann, Erich: Die große Mutter. Walter Olten/Freiburg 1974, Sonderausgabe 1985

Nola, Alfonso M. di: Gebete der Menschheit. Insel-Tb 238, Frankfurt 1977

Ranke-Graves, Robert von: Die weiße Göttin. Medusa, Berlin 1981

Rathbauer-Vincie, Margareta / Vincie, Joseph F.: C. G. Jung and Analytical Psychology. Garland, New York/London 1977

Der Autor

Gert Sauer, *Jahrgang 1942, Studium der Theologie, Ausbildung am C. G. Jung-Institut Zürich, Psychotherapeut in Freiburg im Breisgau, verheiratet, drei Kinder.*
Zahlreiche Publikationen und Rundfunkmeditationen, u. a.: 1. Preis *der Internationalen Gesellschaft für Tiefenpsychologie 1981 für seinen Beitrag «Neid – Eifersucht – Streit im Nibelungenlied» (in Pflüger, Neid, Eifersucht, Rivalität, Bonz 1982); «Tiefenpsychologische Voraussetzungen und Wirkungen des Gebets» (in Herrenalber Texte 19: Hat Beten Sinn?).*

Jung-Zitat auf dem Umschlag: Das C. G. Jung-Lesebuch, ausgewählt von Franz Alt, S. 91.